本报告为国家自然科学基金项目“高等教育监测评估理论与方法研究”（批准号：71273029）的阶段性成果

本报告获得中国学位与研究生教育学会
全国首届研究生教育成果奖一等奖

# 内容简介

《中国研究生教育质量年度报告（2015）》是具有研究性质的、研究生教育质量的第4个年度报告。报告坚持以“年度”和“质量”为核心主题词，从多角度、多层面研究了我国2014年度的研究生教育质量，力求科学、客观地反映2014年度我国的研究生教育质量。

本报告对2014年中国研究生教育质量概况、提高研究生教育质量的举措和存在问题进行了评析；首次遴选出2014年中国研究生教育的七大质量事件和年度质量人物；依据全国各省、自治区、直辖市的生师比、每万人在校生数、生均科研经费和学科点培养能力的比较，对31个省、自治区、直辖市的学科发展规模和水平进行了排名；对21个省、自治区、直辖市的50所研究生培养单位的18000名研究生的满意度问卷调查，全面、客观地呈现了2014年研究生对研究生教育的总体满意度及对课程教学、科学研究、导师指导、管理服务的满意度；收集了国外媒体对我国研究生教育发展的观察和国外高等教育研究机构对我国研究生教育的评价，展示了欧洲国家、美国等发达国家以及第三世界国家研究生教育的现状；编录了2014年中国学位与研究生教育要事志、第四届学位与研究生教育优秀博士学位论文名单、首届中国学位与研究生教育学会研究生教育成果奖名单、研究生教育课程建设试点单位名单、2014年学位与研究生教育质量方面的7个重要文件。

本报告内容翔实，全面、客观，多角度反映了2014年度中国研究生教育质量概况，为全面提高我国研究生教育质量提供宝贵资料和决策依据。为研究生培养单位创新研究生培养模式、提高培养质量提供有益的参考。是公众了解我国研究生教育质量状况的重要来源，也是长期从事学位与研究生教育研究学者的重要参考资料。

# Abstract

"*Annual Report on China Graduate Education Quality* 2015" is the fourth annual report on graduate education quality with the nature of academic research. The report, highlighting "annual" and "quality" as keywords, has analyzed the graduate education quality in 2014 from the multi-level perspective to provide a scientific and objective overview of graduate education quality in 2014.

This report evaluates and analyzes China graduate education quality, current problems and measures to enhance it. It is the first time that this report selects seven quality events and the annual quality characters related to China graduate education in 2014.According to the comparison of different provinces on the ratio of students-teachers, the number of university students in per ten thousand people, per student's research funding and training capacity of the discipline points, the report makes a ranking of 31 provincial discipline's development on scale and level.The satisfaction questionnaire of 18000 graduate students in 50 postgraduate training units of 21 provinces, autonomous regions and municipalities directly under the Central Government comprehensively and objectively presented the overall satisfaction of graduate students in 2014 and the satisfaction degree on the course teaching, scientific research, mentoring and management services.Foreign media's observation on the development of china graduate education and foreign higher education research institutions'evaluation of China graduate education were also collected to this report. Meanwhile, this report is also a better way to show the status quo of graduate education in European countries, the United States and other developing countries. The report catalogs seven important documents: Important Events of Chinese Degree and Postgraduate Education Quality 2014, List of Fourth Degree and Postgraduate Education Outstanding Doctoral Dissertation, Name List of Prize-winners of the First National Quality of Graduate Education Achievement Award, List of graduate education curriculum pilot unit, List of Excellent Doctoral Dissertations on Degrees and Postgraduate Education 2014 and other valuable information.

"*Annual Report on China Graduate Education Quality* 2015" not only provides valuable information and decision-making basis for the comprehensive improvement of the quality of postgraduate education in China, but also provide a useful reference for the research on the innovation of the graduate students' cultivation mode and the improvement of the training quality. At the same time, this report is important references for scholars who engaging in research on graduate education.

北京理工大学学位与研究生教育研究中心
Research Center for Graduate Education(RCGE),BIT

# 中国研究生教育质量年度报告
# （2015）

## Annual Report on China's Graduate Education Quality 2015

研究生教育质量报告编研组　编著

中国科学技术出版社
·北　京·

**图书在版编目（CIP）数据**

中国研究生教育质量年度报告. 2015/研究生教育质量报告编研组编著. —北京：中国科学技术出版社，2015. 10
ISBN 978-7-5046-7007-6

Ⅰ. ①中…　Ⅱ. ①研…　Ⅲ. ①研究生教育—教育质量—研究报告—中国—2015　Ⅳ. ①G643

中国版本图书馆CIP数据核字（2015）第253890号

**选题策划**　苏　青　王晓义
**责任编辑**　王晓义
**封面设计**　孙雪鹂
**责任校对**　凌红霞
**责任印制**　张建农

**出　　版**　中国科学技术出版社
**发　　行**　科学普及出版社发行部
**地　　址**　北京市海淀区中关村南大街16号
**邮　　编**　100081
**发行电话**　010-62103010
**传　　真**　010-62179148
**投稿电话**　010-62176522
**网　　址**　http://www.cspbooks.com.cn

**开　　本**　720mm × 1000mm　1/16
**字　　数**　200千字
**印　　张**　12.5
**印　　数**　1—2500册
**版　　次**　2016年1月第1版
**印　　次**　2016年1月第1次印刷
**印　　刷**　北京华联印刷有限公司

**书　　号**　ISBN 978-7-5046-7007-6/G · 699
**定　　价**　49.00元

# 研究生教育质量报告编研组


| | | | |
|---|---|---|---|
| **主　编** | 王战军 | 北京理工大学学位与研究生教育研究中心 | 主任　教授 |
| | | 清华大学教育研究院 | 教授、博士生导师 |
| **副主编** | 周文辉 | 北京理工大学学位与研究生教育研究中心 | 副主任　博士生导师 |
| | | 学位与研究生教育杂志社 | 社长、执行副主编 |

**编委会成员**

| | | |
|---|---|---|
| 廖湘阳 | 湘潭大学公共管理学院 | 教　授 |
| 刘俊起 | 学位与研究生教育杂志社 | 编　辑 |
| 荣利颖 | 首都师范大学教育学院 | 副教授 |
| 唐广军 | 北京石油化工学院研究生处 | 副研究员 |
| 赵清华 | 学位与研究生教育杂志社 | 副社长 |
| 翟亚军 | 华北电力大学高等教育研究所 | 教　授 |
| 周玉清 | 学位与研究生教育杂志社 | 副编审 |

**研究人员**

| | | |
|---|---|---|
| 李明磊 | 北京理工大学教育研究院 | 实习研究员 |
| 乔　刚 | 北京理工大学教育研究院 | 博士研究生 |
| 李　芬 | 北京理工大学教育研究院 | 博士研究生 |
| 蓝文婷 | 清华大学教育研究院 | 博士研究生 |
| 付鸿飞 | 北京理工大学教育研究院 | 硕士研究生 |

# 专家委员会成员

**委员会主任**

赵沁平　中国学位与研究生教育学会会长、中国工程院院士

**委员会成员**

| | | |
|---|---|---|
| 丁雪梅 | 哈尔滨工业大学 | 副校长、教　授 |
| 叶茂林 | 北京市教育委员会 | 副主任、研究员 |
| 申纪云 | 湖南省教育厅 | 副厅长、研究员 |
| 张淑林 | 中国科学技术大学 | 副校长、研究员 |
| 顾云深 | 复旦大学研究生院 | 常务副院长、教　授 |
| 魏兆胜 | 黑龙江省教育厅 | 常务副厅长、研究员 |

# 主编简介

王战军，1956年生，现任北京理工大学学位与研究生教育研究中心主任，教授、博士生导师；清华大学教授、博士生导师；教育部高等教育教学评估中心副主任。

30多年来，一直从事高等教育管理、教学、科研与评估研究。主要研究方向为：高等教育管理与评估、教育发展战略、管理信息系统等。曾策划、研制并组织开展多项全国学位与研究生教育评估项目；组织参与多项全国高等教育评估项目；主持参与并完成国家自然科学基金和国家社会科学基金项目9项。发表论文90多篇，其中代表性的有数据密集型评估：高等教育监测评估的内涵、《方法与展望》(《教育研究》，2015第6期)、《高等教育质量保障新类型：监测评估》(《高等教育研究》，2015第4期)、《中国高等教育质量保障的新理念和新制度》(《清华大学教育研究》2014第3期)、《加强研究生教育科学研究 促进研究生教育改革与发展》(《学位与研究生教育》2014第8期)、《研究生教育评估新思维》(《清华大学教育研究》，2012第1期)、《研究生质量评估：模型与框架》(《高等教育研究》，2012第3期)、《建立健全新时期研究生教育质量保障体系》(《中国高等教育》2012第6期)出版著作多部，代表性的有《中国研究生教育研究进展报告》(系列，2012、2013、2014)、《中国研究生教育质量年度报告》(系列，2012、2013、2014)、《学位与研究生教育评估理论与方法》《研究型大学与高等教育强国》、*The Construction and Development of Research Universities in China*、《学位与研究生教育评估技术与实践》等。

主要社会兼职有：中国学位与研究生教育学会学术委员会副主任委员、中国高等教育质量保障与评估机构协作会副理事长兼秘书长、中国高等教育评估研究会副理事长、中国教育发展战略学会理事、中国科学与科技政策研究会常务理事、《科学学研究》编委会编委、《研究生教育研究》编委会副主任委员等。

曾多次代表我国专业评估机构访问美国、英国、澳大利亚、法国、希腊、意大利、泰国、韩国、加拿大等多个国家和我国的台湾地区，并与其评估组织进行了互相交流与学习。

# 前　言

2014年，我国的研究生教育呈现出持续的良好发展态势。与2013年相比，我国研究生在校生增加了5万多人，总数接近185万人；教育经费增加了9.46%，总额达到30364.72亿元。更可喜的是，研究生的就业率有较大改观，教育部直属的76所高等院校中就业率超过95%的有41所。此外，2014年来华就读研究生的人数同比增长18.20%，达到47990人。

2014年，是我国全面推进研究生教育综合改革的开局之年，对于研究生教育质量而言，更是具有里程碑意义的一年。国务院学位委员会、教育部连续颁布了《关于加强学位与研究生教育质量保证和监督体系建设的意见》《学位授权点合格评估办法》《博士硕士学位论文抽检办法》等一系列文件，对我国学位与研究生教育质量保障体系进行了系统设计，对学位授权点合格评估等质量保障工作进行了全面部署。特别是2014年11月在北京召开的全国研究生教育质量工作会议暨国务院学位委员会第三十一次会议，是1978年国家恢复研究生教育以来第一次以质量为主题召开的全国性研究生教育工作会议。本次会议深入分析了我国研究生教育质量现状，明确指出提高质量、内涵发展是新时期研究生教育的核心任务，并对全面提高研究生教育质量提出了七条意见。这标志着我国研究生教育经过30多年的规模发展，正式进入以质量和内涵为主题的“质量时代”。

面对我国研究生教育的新情况、新特点，客观、公正、科学地反映和评价我国每年的研究生教育质量，不仅是一个学术问题，更是一个全社会热切关注、事关我国研究生教育持续发展的重要事件。因此，为了更好地评价2014年我国研究生教育质量，北京理工大学学位与研究生教育中心在前3年研究工作的基础之上，今年继续组织清华大学、北京理工大学、华北电力大学、首都师范大学、湘潭大学和学位与研究生教育杂志社等单位长期从事研究生教育研究的学者组成了研究生教育质量编研组。

编研组从“多角度、多层面”研究分析了2014年我国的研究生教育质量。“多角度”是指国内外媒体评价的角度、研究评价的角度、研究生满意的角度、与国外研究生教育质量比较的角度等；“多层面”是指政策层面、国家层面、省级层面、学校层面等。质量是一个多因素共同作用的结果，唯有从多角度、多层面才能更好地聚焦本报告的“年度”和“质量”这两大核心主题词，进而全面地反映研究生教育的质量。

《中国研究生教育质量年度报告》的编撰始于2012年，目前已经连续出版了2012年、2013年和2014年3个年度的报告。本报告作为我国首先专注研究生教育质量的年度报告，出版以来受到了广大读者以及研究生教育研究领域的专家、学者、领导的关注和认可。2014年11月11日，国务院副总理、国务院学位委员会主任委员刘延东同志在全国研究生教育质量会议上的讲话，特别引用了《中国研究生教育质量年度报告》中的研究数据来说明目前我国研究生教育质量存在的问题。同时，该系列报告的学术水平也得到了学位与研究生教育学术界的广泛认可。2014年12月，经过严格评审，《中国研究生教育质量年度报告（系列）》获得了中国学位与研究生教育学会首届全国研究生教育成果奖一等奖。

今年，编研组在广泛征求中国学位与研究生教育学会、北京市教育委员会、湖南省教育厅、黑龙江教育厅、中国科技大学、北京工业大学等十几家单位的长期从事研究生教育研究的专家以及本报告专家委员会的各位专家的意见和广泛调研的基础上，认真总结先前的编撰经验，在保持报告既往风格的基础之上，对各个章节的内容进行了部分调整，力求在学术上做到精益求精与不断创新，努力打造一部具有广泛影响力、公信力和权威的中国研究生教育质量年度报告。以下为报告的主要内容介绍。

第一章“研究生教育质量评析”，从研究生教育质量概况、质量分析，提高研究生教育质量的举措和存在的主要问题4个方面评述了2014年度我国研究生教育质量的概貌，重点对2014年国家层面构建研究生教育质量保障体系、推进研究生质量提升的重大举措进行了梳理。

第二章调整为“研究生教育年度七大质量事件和年度质量人物”，把“首次召开全国研究生教育质量工作会议”等七大质量事件遴选为本年度事件，遴选曹雪涛院士为年度质量人物。

第三章“省域研究生教育质量评价”，构建了包括制度、规划、投入和绩效

4 个模块、17 项评价内容在内的省域研究生教育评估指标体系，并选取生师比、每万人在校研究生数、生均科研经费、学科点培养能力 4 个指标对全国 31 个省（区、市）、直辖市的研究生教育质量进行了排名。

第四章“研究生满意度调查”，2014 年参与研究生满意度调查的研究生培养单位扩大至 50 个，调查样本达到 18000 个，覆盖全国 21 个省（区、市），调查结果的可靠性更高。值得一提的是，编研组首次在河南大学开展研究生满意度在线调查的试点工作。

第五章“研究生教育质量国际述评”除继续以往综述境外媒体对我研究生教育质量评价的内容之外，首次增加了对新加坡、马来西亚、泰国、南非等亚非国家研究生教育发展动态的关注。

附录部分编录了 2014 年中国学位与研究生教育要事志、2014 年学位与研究生教育优秀博士学位论文名单、2014 年学位与研究生教育质量方面的重要文件，并新增了中国学位与研究生教育学会首届研究生教育成果奖获奖成果目录、研究生课程建设试点单位名单。

《中国研究生教育质量年度报告（2015）》的编写尽管做了如上所述的创新，但是聚焦读者的关注度方面还有所欠缺，在研究的积累与系统性方面也略显不足。因此，在未来的质量年度报告编研中，研究生质量报告编研组计划在现有研究的基础上对报告各个章节进行大规模的调整，希望在保证学术研究严谨性的同时，进一步增强报告的对年度研究生教育质量的直观显示，以回应社会对研究生教育质量的关切，为大学生了解和选择研究生单位提供参考，为研究生教育主管部门提供质量评估参考，为研究生教育工作者提供工作参考，为研究生教育研究者提供有价值的学术参考。

研究生教育质量年度系列报告的编研是一个开放的创作平台，欢迎有志于研究生教育质量研究的同仁加入我们的队伍，共同打造权威、可信并经得起时间检验的中国研究生教育质量年度报告。

# 目 录

# Contnets

# 第一章　研究生教育质量评析

## 一、研究生教育发展基本概况①

2014 年，全国共有研究生培养单位 788 所，比 2013 年减少 42 所。培养单位中普通高校 571 所，比 2013 年增加 23 所；培养单位中科研机构 217 所，比 2013 年减少 65 所。

**2014年全国在校研究生有1847689人**

2014 年全国在校研究生有 1847689 人，接近 185 万人，比 2013 年增加 5 万多人，增长率为 3.00%。在校研究生中学术学位博士生有 304963 名，占比为 16.50%；专业学位博士生有 7713 名，占比为 0.42%；学术学位硕士生有 929872 名，占比为 50.33%；专业学位硕士生有 605141 名，占比为 32.75%。在校研究生中专业学位研究生占比为 33.17%，比 2013 年提高 2.71%。学术学位硕士研究生仍然是在校研究生的最大群体，在总体中的比例超过一半（图 1–1）。

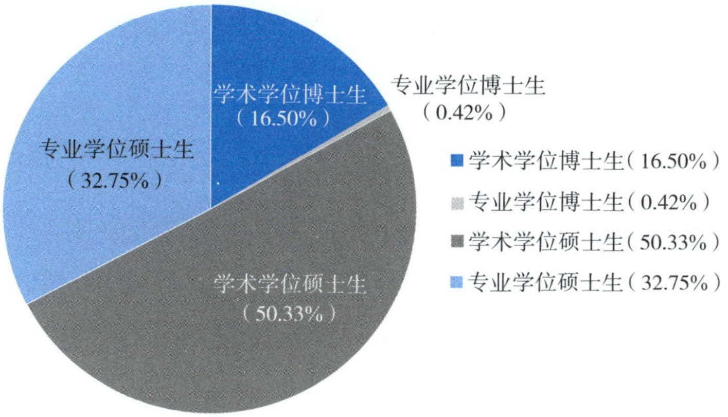


图1–1　2014年在校研究生构成

① 2014 年教育数据统计来自教育部发展规划司编印的《中国教育事业发展统计简况》。

2014 年，在校研究生最多的学科是工学，超出总体比例的 1/3。各学科在校研究生比例排在第二位、第三位和第四位的分别是管理学、医学和理学，均超过总体比例的 10%。在校研究生比例位于后三位的学科分别是历史学、哲学、军事学。其中，军事学在校研究生数最少，仅占总体比例的 0.04%。与 2013 年的统计数据相比，工学、艺术学、医学的比例稍有提高，文学、法学的比例稍有下降，其他学科的比例基本没有变动。2014 年各学科在校研究生人数和比例分别详见表 1–1 和图 1–2。

**表1–1　2014年各学科在校研究生人数**

| 学　科 | 在校博士生数/人 | 在校硕士生数/人 | 在校研究生数合计/人 |
|---|---|---|---|
| 哲　学 | 3952 | 10652 | 14604 |
| 经济学 | 13009 | 65900 | 78909 |
| 法　学 | 16076 | 106465 | 122541 |
| 教育学 | 5870 | 82745 | 88615 |
| 文　学 | 10614 | 82013 | 92627 |
| 历史学 | 4451 | 13548 | 17999 |
| 理　学 | 56412 | 133418 | 189830 |
| 工　学 | 129161 | 540542 | 669703 |
| 农　学 | 13013 | 53055 | 66068 |
| 医　学 | 33474 | 170674 | 204148 |
| 军事学 | 164 | 553 | 717 |
| 管理学 | 23976 | 222870 | 246846 |
| 艺术学 | 2504 | 52578 | 55082 |
| 合　计 | 312676 | 1535013 | 1847689 |

2014 年研究生招生数量为 621323 人，其中招收博士研究生 72634 名（学术学位博士研究生 70619 名，专业学位博士研究生 2015 名），招收硕士研究生 548689 名（学术学位硕士研究生 309942 名，专业学位硕士研究生 238747 名）。招收的硕士研究生中，专业学位硕士生占比为43.51%，比2013年提高了1.94%。

**2014年研究生招生数量为621323人**

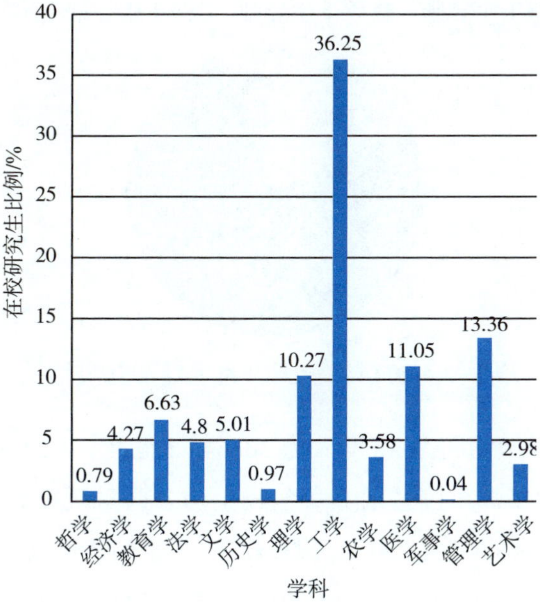


图1–2 2014年各学科在校研究生所占比例

2014 年共毕业研究生 535863 名，比 2013 年增加 4.33%。毕业研究生中博士毕业生 53653 名，硕士毕业生 482210 名。

**2014年共毕业研究生535863名**

2014 年全国有研究生指导教师 337139 名，比 2013 年增加了 6.75%。研究生导师中有正高级职称的 165460 名，有副高级职称的 154982 名，有中级职称的 16697 名。研究生导师指导关系分类：有博士生导师 16028 名，硕士生导师 256790 名，博士、硕士生导师 64321 名。博士生导师、硕士生导师与博士、硕士生导师 3 类导师之间的比例约为 5∶76∶19，与 2013 年相比，博士生导师数量稍有减少，硕士生导师数量稍有增加。研究生指导教师和在读研究生的比例约为 1∶5.5，2013 年这一比例为 1∶6。2014 年全国研究生导师分类结构见图 1–3。

**2014年全国有研究生指导教师337139名**

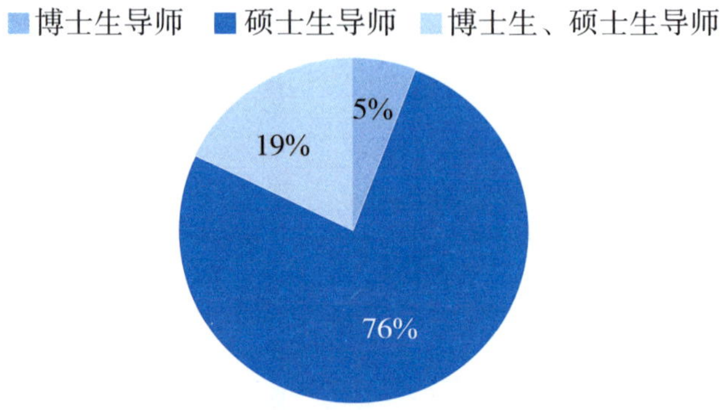


图1–3　2014年全国研究生导师分类结构

2013 年，全国教育经费总投入为 30364.72 亿元，比上年的 27695.97 亿元增长 9.64%。2013 年，全国普通高等学校生均公共财政预算教育事业费支出为 15591.72 元，比上年的 16367.21 元下降 4.74%。全国普通高等学校生均公共财政预算公用经费支出为 7899.07 元，比 2012 年的 9040.02 元下降 12.62%。①

**2013年全国教育经费总投入比上年增长9.64%**

**2013年全国研究与试验发展（R&D）经费达11846.6亿元**

2013 年，全国共投入研究与试验发展（R&D）经费达 11846.6 亿元，比 2012 年增加 1548.2 亿元，增长 15%;R&D 经费投入强度( 与国内生产总值之比）超过 2%，达到 2.08%，比 2012 年提高 0.1 百分点。② 投入强度在新兴发展国家中保持领先。人均方面，按研究与试验发展人员（全时工作量）计算的人均经费为 33.5 万元，比 2012 年增加 1.8 万元。

从研究活动类型分析，2013 年全国用于基础研究的经费为 555 亿元，比 2013 年增长 11.3%；应用研究经费支出 1269.1 亿元，增长 9.2%；试验发展经费支出 10022.5 亿元，增长 16%。基础研究、应用研究和试验发展经费占 R&D 经

① 教育部，国家统计局，财政部．关于 2013 年全国教育经费执行情况统计公告［EB/OL］.［2015-05-01］. http：//www.moe.edu.cn/publicfiles/business/htmlfiles/moe/s3040/201411/xxgk_178035.html.

② 国家统计局，科学技术部，财政部．2013 年全国科技经费投入统计公报［EB/OL］.［2015-05-01］. http：//www.stats.gov.cn/tjsj/tjgb/rdpcgb/qgkjjftrtjgb/201410/t20141023_628330.html.

费总量的比例分别为 4.7%、10.7% 和 84.6%，比例与 2012 年相比保持稳定。

从研究活动主体分析，各类企业 R&D 经费为 9075.8 亿元，比 2012 年增长 15.7%；政府属研究机构经费 1781.4 亿元，增长 15%；高等学校经费 856.7 亿元，增长 9.8%。企业、政府属研究机构、高等学校经费占全国经费总量的比例分别为 76.6%、15% 和 7.2%，与上年相比基本不变，企业所占比例约为 3/4。[①]

## 二、2014年研究生教育质量分析[②]

2014 年，随着《国家中长期教育改革和发展规划纲要（2010—2020 年）》的深入实施和研究生教育综合改革的全面深化，研究生教育培养类型不断丰富，结构持续优化，质量保障体系不断完善，教育质量稳步提高，支撑国家创新发展、服务经济社会发展的能力不断提高，国际影响力日趋扩大。

### （一）研究生招生规模保持小幅增长

从研究生招生情况分析，在强调研究生教育内涵发展的时期，研究生教育规模仍然在随社会经济发展保持小幅增长，体现稳中有增的特点，招生增长额度中绝大部分是硕士生。2014 年研究生招生增长幅度是 1.63%，为近年来招生增长幅度最低的一年。2006—2014 年研究生招生及在校研究生规模增长情况见表 1–2。

**2014年研究生招生增长幅度为1.63%，是增长幅度最低的一年**

表1–2　2006—2014年研究生招生及在校研究生规模增长情况

（单位：人）

| 年份 | 研究生招生 | 博士生招生 | 硕士生招生 | 在校研究生 | 在校博士生 | 在校硕士生 |
|---|---|---|---|---|---|---|
| 2006 | 397925 | 55955 | 341970 | 1104653 | 208038 | 896615 |
| 2007 | 418612 | 58022 | 360590 | 1195047 | 222508 | 972539 |

① 国家统计局，科学技术部，财政部 .2012 年全国科技经费投入统计公报［EB/OL］.［2015-05-01］. http：//www.sts.org.cn/tjbg/tjgb/document/2013/20130927.htm.

② 数据来自教育部发展规划司编印的《中国教育事业发展统计简况》。

续表

| 年份 | 研究生招生 | 博士生招生 | 硕士生招生 | 在校研究生 | 在校博士生 | 在校硕士生 |
|---|---|---|---|---|---|---|
| 2008 | 446422 | 59764 | 386658 | 1283046 | 236617 | 1046429 |
| 2009 | 510953 | 61911 | 449042 | 1404942 | 246319 | 1158623 |
| 2010 | 538177 | 63762 | 474415 | 1538416 | 258950 | 1279466 |
| 2011 | 560168 | 65559 | 494609 | 1645845 | 271261 | 1374584 |
| 2012 | 589673 | 68370 | 521303 | 1719818 | 283810 | 1436008 |
| 2013 | 611381 | 70462 | 540919 | 1793953 | 298283 | 1495670 |
| 2014 | 621323 | 72634 | 548689 | 1847689 | 312676 | 1535013 |

2006—2014 年，研究生招生规模从 397925 人增长到 621323 人，增长了 56.14%；硕士生招生规模从 341970 人增长到 548689 人，增长了 60.45%；博士生招生规模从 55955 人增长到 72634 人，增长了 29.81%。2006—2014 年研究生招生规模增长情况、博士生招生与硕士生招生增长情况详见图 1-4、图 1-5 和图 1-6。

**2006—2014年，研究生招生增长了56.14%**

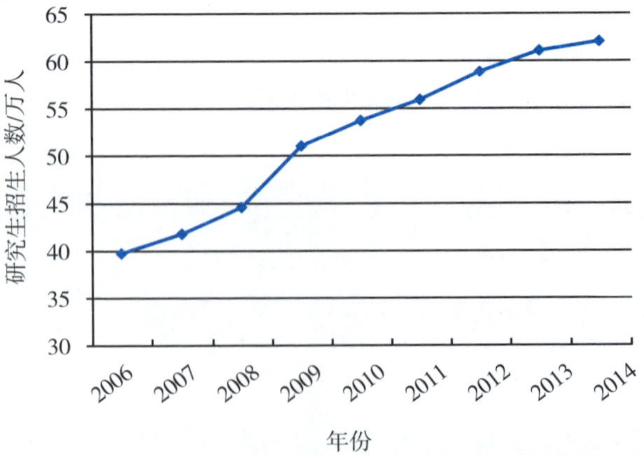


**图1-4　2006—2014年研究生招生规模增长情况**

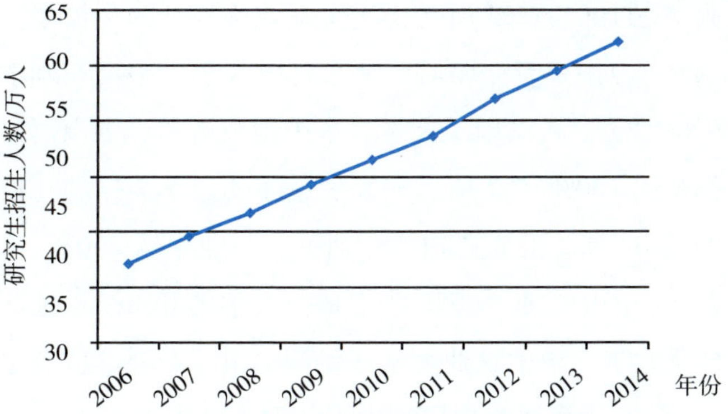


**图1-5　2006—2014年博士生招生增长情况**

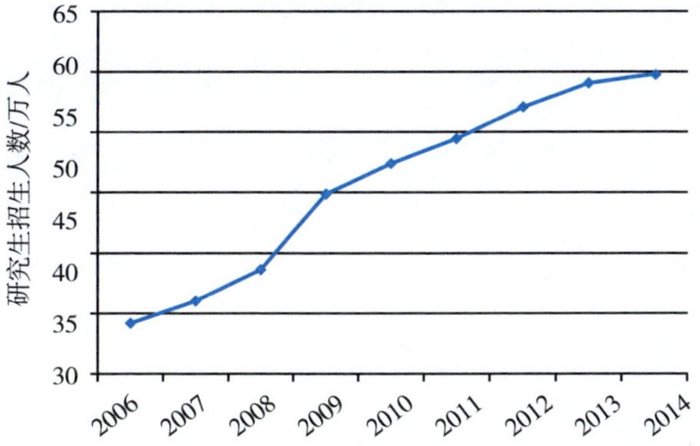


**图1-6　2006—2014年硕士生招生增长情况**

### （二）研究生就业形势良好

2013 年，教育部通知要求各高校从 2013 年起编制本校毕业生就业质量年度报告，并在校园网、全国大学生就业公共服务立体化平台等媒体上公开发布，要求教育部直属高校在 2014 年 2 月底前、其他部门高校和地方本科高校在 2014 年底前、高职院校在 2015 年底前完成首次就业质量年度报告编制发布工作，此后高校应在每年年底前发布当年就业质量年度报告。

**2014年硕士生就业率超过95%的教育部直属高校有41所**

从教育部 76 所直属高校公布的 2014 年毕业生就业质量年度报告分析，54 所有硕士生就业率数据的高校中，硕士生就业率超过 95% 的有 41 所，北京邮电大学硕士生就业率达 100%。52 所有博士生就业率数据的高校中，博士生就业率超过 95% 的有 45 所，中央音乐学院、北京邮电大学、中央戏剧学院、北京中医药大学、中国药科大学、武汉理工大学、华中师范大学、中南财经政法大学 8 所高校博士生就业率达 100%。37 所有研究生总体就业率数据的高校中，研究生就业率超过 95% 的有 11 所，北京邮电大学研究生就业率达 100%。

北京林业大学、华中农业大学、华中科技大学均发布了单独的研究生就业质量报告，北京林业大学、华中农业大学还专门给出了专业学位硕士研究生的就业率。2014 年教育部 76 所直属高校研究生就业率详见表 1–3。

**表1–3　2014年教育部76所直属高校研究生就业率一览表**

| 序号 | 学校名称 | 硕士生 | | 博士生 | | 研究生 | |
|---|---|---|---|---|---|---|---|
| | | 毕业人数 | 就业率/% | 毕业人数 | 就业率/% | 毕业人数 | 就业率/% |
| 1 | 北京大学 | 4401 | 97.86 | 1550 | 96.97 | | |
| 2 | 中国人民大学 | 3293 | 99.15 | 739 | 98.92 | | |
| 3 | 清华大学 | 2366 | 99.2 | 983 | 97.6 | | |
| 4 | 北京交通大学 | 2680 | 99.4 | 202 | 99.5 | | |
| 5 | 北京科技大学 | 2259 | | 443 | | | 99.30 |
| 6 | 北京化工大学 | 1356 | | 145 | | | 97.93 |
| 7 | 北京邮电大学 | 2530 | 100 | 210 | 100 | 2740 | 100 |
| 8 | 中国农业大学 | 1635 | 94.37 | 641 | 96.10 | | |
| 9 | 北京林业大学 | 1103 | 98.75学<br>98.69专 | 196 | 98.47 | 1299 | 98.69 |
| 10 | 北京中医药大学 | 582 | 98.61 | 183 | 100 | | |
| 11 | 北京师范大学 | 2822 | 94.93 | 611 | 97.87 | | |
| 12 | 北京外国语大学 | 666 | | 88 | | | 96.82 |
| 13 | 北京语言大学 | 555 | 86.49 | 33 | 90.91 | 588 | 86.56 |
| 14 | 中国传媒大学 | 1505 | 98.01 | 169 | 97.04 | | |
| 15 | 中央财经大学 | 1323 | 99.24 | 80 | 97.50 | | |

续表

| 序号 | 学校名称 | 硕士生 | | 博士生 | | 研究生 | |
|---|---|---|---|---|---|---|---|
| | | 毕业人数 | 就业率/% | 毕业人数 | 就业率/% | 毕业人数 | 就业率/% |
| 16 | 对外经济贸易大学 | | | | | 1546 | 99.22 |
| 17 | 国际关系学院 | 186 | 94.62 | | | 186 | 94.62 |
| 18 | 中央音乐学院 | 148 | 94.59 | 28 | 100 | 176 | 95.45 |
| 19 | 中央美术学院 | 261 | | 59 | | 320 | 92.79 |
| 20 | 中央戏剧学院 | 67 | 99.00 | 16 | 100 | | |
| 21 | 中国政法大学 | 1840 | 95.43 | 171 | 97.66 | 2011 | |
| 22 | 华北电力大学 | | | | | 2091 | 98.20 |
| 23 | 中国矿业大学（北京） | 1339 | 98.13 | 197 | 97.46 | 1536 | 98.05 |
| 24 | 中国地质大学（北京） | 1456 | 95.88 | 308 | 96.75 | | |
| 25 | 中国石油大学（北京） | | | 194 | | 1801 | 98.33 |
| 26 | 南开大学 | 3018 | | 710 | | | 95.73 |
| 27 | 天津大学 | 3307 | 99.12 | 529 | 99.62 | | |
| 28 | 大连理工大学 | 2842 | | 312 | | 3154 | 94.90 |
| 29 | 东北大学 | 2938 | | 187 | | | 95.30 |
| 30 | 吉林大学 | 5170 | | 964 | | | 96.40 |
| 31 | 东北师范大学 | 2764 | | 302 | | 3066 | 97.03 |
| 32 | 东北林业大学 | 1142 | 87.13 | 169 | 98.82 | 1311 | 88.63 |
| 33 | 复旦大学 | 3323 | 97.38 | 1078 | 95.54 | | |
| 34 | 同济大学 | 3988 | 98.12 | 607 | 96.71 | | |
| 35 | 上海交通大学 | 3777 | 97.70 | 1320 | 95.91 | | 97.23 |
| 36 | 华东理工大学 | 2050 | | 214 | | 2264 | 98.81 |
| 37 | 东华大学 | 1763 | 98.53 | 139 | 95.68 | | |

续表

| 序号 | 学校名称 | 硕士生 | | 博士生 | | 研究生 | |
|---|---|---|---|---|---|---|---|
| | | 毕业人数 | 就业率/% | 毕业人数 | 就业率/% | 毕业人数 | 就业率/% |
| 38 | 华东师范大学 | 2518 | 93.25 | 400 | 95.00 | | |
| 39 | 上海外国语大学 | 816 | | 81 | | 897 | 94.54 |
| 40 | 上海财经大学 | 1462 | 99.45 | 173 | 98.84 | | |
| 41 | 南京大学 | 3550 | 98.56 | 1502 | 99.07 | | |
| 42 | 东南大学 | | | | | 4388 | 98.09 |
| 43 | 中国矿业大学 | 1966 | 96.13 | 307 | 97.39 | 2273 | |
| 44 | 河海大学 | | | | | 3383 | 96.31 |
| 45 | 江南大学 | 1558 | | 280 | | 1839 | 96.25 |
| 46 | 南京农业大学 | 2047 | 91.99 | 564 | 86.52 | | |
| 47 | 中国药科大学 | 836 | 99.64 | 300 | 100 | | |
| 48 | 浙江大学 | 4305 | 98.28 | 1330 | 96.47 | 5635 | |
| 49 | 合肥工业大学 | | | | | 2083 | 96.83 |
| 50 | 厦门大学 | 2869 | 98.70 | 346 | 97.70 | | |
| 51 | 山东大学 | 3890 | 95.58 | 644 | 96.74 | | |
| 52 | 中国海洋大学 | 2424 | 92.90 | 394 | 96.20 | | |
| 53 | 中国石油大学（华东） | 1509 | 92.84 | 94 | 96.81 | | |
| 54 | 武汉大学 | 2550 | 96.12 | 1216 | 97.86 | | |
| 55 | 华中科技大学 | 5691 | 95.04 | 1213 | 96.62 | 6904 | 95.32 |
| 56 | 中国地质大学（武汉） | 1750 | 97.03 | 169 | 97.63 | | |
| 57 | 武汉理工大学 | 3672 | 96.65 | 135 | 100 | | |
| 58 | 华中农业大学 | 1030学<br>444专 | 91.46学<br>94.37专 | 173 | 89.60 | 1647 | 92.05 |
| 59 | 华中师范大学 | 3132 | 86.21 | 249 | 100 | | 87.22 |
| 60 | 中南财经政法大学 | 2895 | 96.58 | 163 | 100 | | |

续表

| 序号 | 学校名称 | 硕士生 | | 博士生 | | 研究生 | |
|---|---|---|---|---|---|---|---|
| | | 毕业人数 | 就业率/% | 毕业人数 | 就业率/% | 毕业人数 | 就业率/% |
| 61 | 湖南大学 | 3096 | 92.99 | 237 | 80.17 | | |
| 62 | 中南大学 | 3486 | | 462 | | 3948 | 94.81 |
| 63 | 中山大学 | 4204 | 95.77 | 1051 | 93.60 | | |
| 64 | 华南理工大学 | 3334 | | 301 | | 3635 | 99.70 |
| 65 | 重庆大学 | 3600 | 97.22 | 422 | 97.63 | 4022 | 97.27 |
| 66 | 西南大学 | | 95.04 | | 98.74 | 3482 | 95.29 |
| 67 | 四川大学 | 5208 | 96.43 | 1117 | 97.22 | 6325 | 96.57 |
| 68 | 西南交通大学 | 2369 | 95.70 | 106 | 94.30 | | |
| 69 | 电子科技大学 | 3317 | | 214 | | 3531 | 97.90 |
| 70 | 西南财经大学 | 2047 | 97.90 | 179 | 97.77 | | |
| 71 | 西安交通大学 | 2961 | 99.05 | 579 | 97.00 | | |
| 72 | 西安电子科技大学 | 2777 | 99.10 | 121 | 97.52 | | |
| 73 | 长安大学 | 2069 | 95.06 | 76 | | | |
| 74 | 西北农林科技大学 | | | | | 2021 | 93.12 |
| 75 | 陕西师范大学 | 2345 | 87.00 | 109 | 92.66 | 2454 | 87.29 |
| 76 | 兰州大学 | 2636 | 92.15 | 297 | 95.62 | | |

备注：①表中数据来源于 76 所教育部直属高校公布的《2014 年毕业生就业质量报告》；②表中所选就业率数据为该校质量报告中采集时间靠后的数据，空白单元格表示该校质量报告中无相应数据；③表中高校顺序与教育部 2015 年 5 月公布的“2015 年全国高等学校名单”一致。

## （三）研究生成为科技创新活动的重要主体

培养研究生的基本途径是在科研和实践中培养。随着创新型国家建设的深入，研究生参与科技创新的广度和深度不断拓展，已经成为科技创新活动和高水平科研团队的重要主体。越来越多的在读研究生参与了各个类别的科研项目。

国家自然科学基金资助项目作为高水平科研项目的典型代表，每年都吸引一大批优秀研究生参与其中。根据国家自然科学基金委公布的 2014 年度统计资料，按项目组成员组成统计，累计有近 13 万人次的博士生、硕士生参加当年获得资助的国家自然科学基金面上项目、青年科学基金项目、地区科学基金项目和重点项目。其中，重点项目、面上项目的项目组成员中，一半以上的是在读研究生表（1–4）。

## 2014年有近13万人次的博士生、硕士生参加国家自然科学基金项目

按照绝对数，博士生、硕士生累计参与人次最多的是面上项目，分别约有 2.9 万、3.6 万人次。按照相对数，重点项目的项目组成员中博士生比例最高，约占 29.5%；地区科学基金项目的项目组成员中硕士生比例最高，约占 32.5%（表 1–4）。

**表1–4　研究生参与2014年国家自然科学基金项目的人次及比例**

| 项目类别 | 项目组成员中博士生参与情况 | | 项目组成员中硕士生参与情况 | | 研究生参与情况合计 | |
|---|---|---|---|---|---|---|
| | 人次 | 比例/% | 人次 | 比例/% | 人次 | 比例/% |
| 面上项目 | 29219 | 23.29 | 35558 | 28.35 | 64777 | 51.64 |
| 青年项目 | 18380 | 17.14 | 30188 | 28.15 | 48568 | 45.29 |
| 地区项目 | 1195 | 5.29 | 7117 | 31.52 | 8312 | 36.81 |
| 重点项目 | 2547 | 29.48 | 1927 | 22.30 | 4474 | 51.78 |

注：表中数据来自国家自然科学基金委员会编写的《2014 年度国家自然科学基金资助项目统计资料》。

从学科领域来分析，在博士生方面，面上项目中博士生参与比例最高的是数理科学部，比例约为 27.6%；青年科学基金项目中，博士生参与比例最高的是信息科学部，比例约为 20.6%；地区科学基金项目中，博士生参与比例最高的是管理科学部，比例约为 6.7%；重点项目中，博士生参与比例最高的是化学科学部，比例约为 37.7%。在硕士生方面，面上项目中，硕士生参与比例最高的是化

学科学部，比例约为 37.1%；青年科学基金项目中，硕士生参与比例最高的是工程与材料科学部，比例约为 31.9%；地区科学基金项目中，硕士生参与比例最高的是化学科学学部，比例约为 41.0%；重点项目中，硕士生参与比例最高的是信息科学部，比例约为 29.0%（表 1–5）。

**表1–5　2014年国家自然科学基金项目各学科领域项目组成员中的研究生比例**

| 学科领域 | 项目组成员中博士生比例/% | | | | 项目组成员中硕士生比例/% | | | |
|---|---|---|---|---|---|---|---|---|
| | 面上项目 | 青年项目 | 地区项目 | 重点项目 | 面上项目 | 青年项目 | 地区项目 | 重点项目 |
| 数理科学部 | 27.64 | 18.57 | 5.87 | 31.83 | 26.11 | 25.11 | 31.88 | 21.97 |
| 化学科学部 | 27.31 | 16.41 | 4.16 | 39.67 | 37.08 | 37.85 | 40.98 | 22.42 |
| 生命科学部 | 23.37 | 15.91 | 5.54 | 37.69 | 30.64 | 29.79 | 31.04 | 16.07 |
| 地球科学部 | 22.28 | 18.65 | 3.51 | 24.21 | 26.96 | 26.18 | 29.19 | 19.32 |
| 工程与材料科学部 | 23.61 | 16.26 | 5.74 | 26.59 | 32.48 | 31.86 | 38.25 | 27.02 |
| 信息科学部 | 26.76 | 20.56 | 6.60 | 27.43 | 30.60 | 31.79 | 35.03 | 29.02 |
| 管理科学部 | 23.02 | 18.42 | 6.71 | 21.88 | 21.15 | 22.93 | 24.24 | 27.54 |
| 医学科学部 | 19.20 | 15.68 | 4.80 | 26.88 | 22.98 | 21.55 | 27.15 | 13.44 |

注：表中数据来自国家自然科学基金委员会编写的《2014 年度国家自然科学基金资助项目统计资料》

### （四）研究生导师队伍持续壮大

研究生导师是研究生培养的第一责任人，负责对研究生进行学科前沿引导、科研方法指导和学术规范教导，是研究生个人培养质量的决定性因素之一。导师的数量和水平对研究生教育系统质量有着极其重要的影响。研究生导师从 2007 年的 206034 名增长到 2014 年的 337139 名，增长了近 64%，年均增长超过 9%，增长幅度与在校研究生的增幅成正相关关系。2014 年的生师比为 5.5：1，该比值是 2007 年以来最低，表明研究生导师队伍快速壮大，数量能较好地满足研究生培养需求。按研究生三年学制计算，平均一个导师一年招收两名研究生。按指导关系计算，平均一个博士生导师指导 4 名在校博士研究生，一个硕士生导师指导 5 名在校硕士研究生。2007—2014 年研究生导师和在校研究生数及生师比、研究生导师数增长情况分别见表 1-6 和图 1-7。

**2014年平均一个博士生导师指导4名在校博士研究生**

**一个硕士生导师指导5名在校硕士研究生**

表1-6　2007—2014年研究生导师和在校研究生数及生师比情况

| 年　份 | 研究生导师数 | 在校研究生数 | 生师比 |
|---|---|---|---|
| 2007 | 206034 | 1195047 | 5.8 : 1 |
| 2008 | 223944 | 1283046 | 5.7 : 1 |
| 2009 | 239857 | 1404942 | 5.9 : 1 |
| 2010 | 260465 | 1538416 | 5.9 : 1 |
| 2011 | 272487 | 1645845 | 6.0 : 1 |
| 2012 | 298438 | 1719818 | 5.8 : 1 |
| 2013 | 315815 | 1793953 | 5.7 : 1 |
| 2014 | 337139 | 1847689 | 5.5 : 1 |

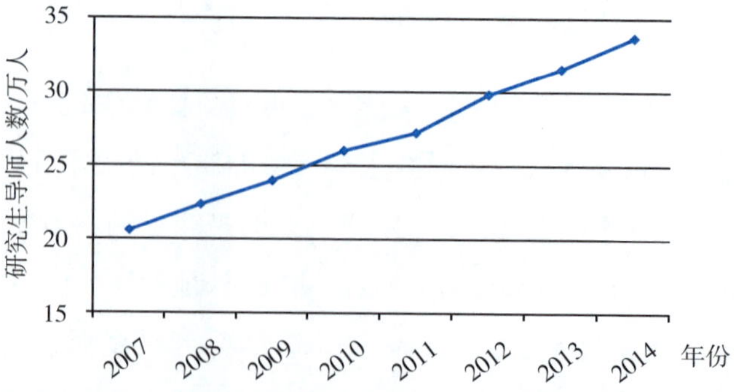


图1-7　2007—2014年研究生导师数的增长情况

从 2008—2014 年研究生导师的职称结构（表 1–7）方面分析，95% 以上的研究生导师具有高级职称。具有正高级职称的研究生导师最多，比例约占一半；具有副高级职称的研究生导师占比约为 46%；具有中级职称的研究生导师比例不足 5%，但其占比从 2008 年的不足 2% 提高到 2014 年的近 5%，成为研究生导师队伍中的重要力量。2008—2014 年研究生导师职称构成及变化详见图 1–8。

表1–7　2008—2014年研究生导师职称结构情况

| 年　份 | 正高级/% | 副高级/% | 中级/% |
|---|---|---|---|
| 2008 | 51.94 | 46.34 | 1.72 |
| 2009 | 51.20 | 46.56 | 2.24 |
| 2010 | 50.97 | 46.16 | 2.87 |
| 2011 | 49.68 | 46.88 | 3.44 |
| 2012 | 49.13 | 46.79 | 4.08 |
| 2013 | 48.93 | 46.46 | 4.61 |
| 2014 | 49.08 | 45.97 | 4.95 |

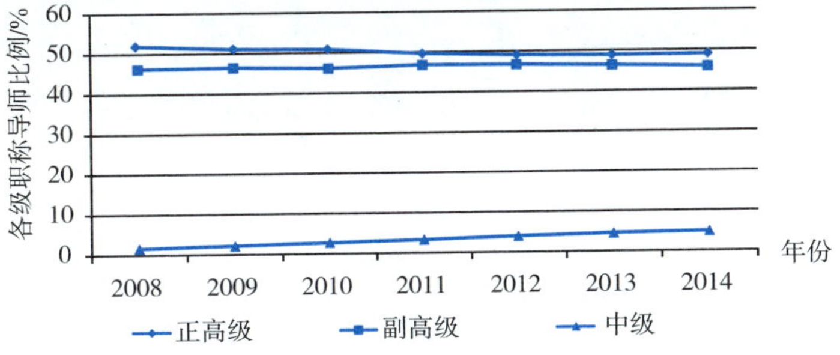


**图1–8　2008—2014年研究生导师职称构成及变化情况**

### （五）专业学位研究生教育快速发展

为更好满足社会需求，2014 年开始独立设置中医专业学位，分为博士、硕士两级，含中西医结合及民族医，临床医学专业学位不再包含中医学。中医博士专业学位英文名称为“Doctor of Chinese Medicine”（缩写为“DCM”），中医硕士专业学位英文名称为“Master of Chinese Medicine”（缩写为“MCM”）。硕士专业学位因此增加到40种，博士专业学位增加到6种，专业学位类型更加丰富，结构更为合理。

**2014年硕士专业学位因此增加到40种，博士专业学位增加到6种**

2014年，专业学位研究生招生数约24万名，占招生总量的近四成，在校专业学位研究生约61万名，占在校研究生数的1/3强。2014年在校专业学位研究生约是2009年的5倍。2009—2014年专业学位研究生数统计及增长分别见表1-8和图1-9。

表1-8　2009—2014年专业学位研究生数统计

| 年份 | 研究生招生总数 | 专业学位招生数 | 专业学位招生占比/% | 在校研究生数 | 专业学位在校生 | 专业学位在校生占比/% |
|---|---|---|---|---|---|---|
| 2009 | 510953 | 72239 | 14.1 | 1404942 | 128325 | 9.1 |
| 2010 | 538177 | 119299 | 22.2 | 1538416 | 221664 | 14.4 |
| 2011 | 560168 | 159942 | 28.6 | 1645845 | 338042 | 20.5 |
| 2012 | 589673 | 198883 | 33.7 | 1719818 | 449674 | 26.1 |
| 2013 | 611381 | 228578 | 37.4 | 1793953 | 546386 | 30.5 |
| 2014 | 621323 | 240762 | 38.7 | 1847689 | 612854 | 33.2 |

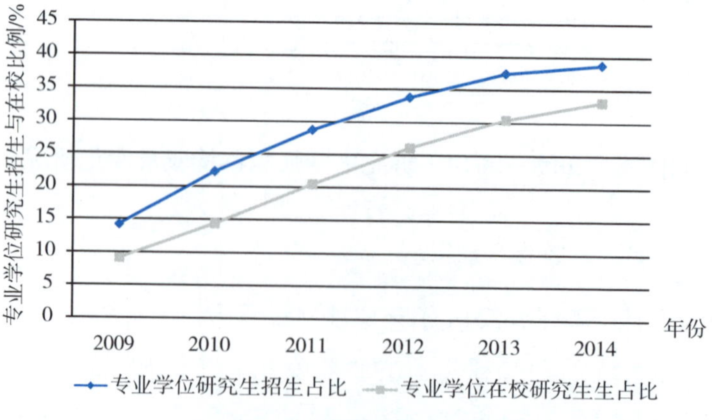


图1-9　2009—2014年专业学位研究生增长情况

## （六）来华留学研究生规模快速增长

留学生的规模、层次、结构等从一个侧面反映了一个国家的教育质量和国际影响力。[①] 近年来，随着我国经济的迅速发展和国家软实力的提升，来华留学生规模持续增长，来华攻读博士、硕士学位的留学生规模也快速增长，来华留学生的结构日趋优化。来华留学研究生规模的增长反映出我国研究生教育质量的提升和国际影响力的增强，吸引了世界各地的留学生来华攻读研究生学位。

**2014年共有377054名各类来华留学生，其中接受学历教育有164394名**

2014 年共有 377054 名各类来华留学生，其中接受学历教育有 164394 名。2014 年来华攻读研究生学位的有 47990 人，同比增加 18.20%。其中，攻读硕士学位 35876 人，攻读博士学位 12114 人。来华留学攻读学位的研究生在来华留学生中的比例为 12.73%，在来华接受学历教育留学生中的比例为 29.19%。2009—2014 年，来华留学的博士生从 4751 人增长到 12114 人，硕士生从 14227 人增长到 35876 人，规模翻了一番多。来华留学研究生在留学生总体中的比例逐年提高，从 7.97% 增长到 12.73%。留学研究生在来华接受学历教育的留学生中比例从 20.31% 提高到 29.19%。来华留学生的硕士生和博士生的比例基本稳定在 3∶1 左右。2009—2014 年来华留学研究生基本情况、增长情况、相对数及增长情况、占来华留学生的比例增长分别详见表 1–9、图 1–10、表 1–11 和图 1–11。

**表1–9　2009—2014年来华留学研究生基本情况**

| 年度 | 来华留学人数 | 学历教育人数 | 研究生人数 | 硕士生人数 | 博士生人数 |
|---|---|---|---|---|---|
| 2014 | 377054 | 164394 | 47990 | 35876 | 12114 |
| 2013 | 356499 | 147890 | 40602 | 30828 | 9774 |
| 2012 | 328330 | 133509 | 36060 | 27757 | 8303 |
| 2011 | 292611 | 118837 | 30376 | 23453 | 6923 |

① 王战军 . 我国研究生教育的国际影响力［J］. 国家教育行政学院学报，2013，（02）：16-19.

续表

| 年度 | 来华留学人数 | 学历教育人数 | 研究生人数 | 硕士生人数 | 博士生人数 |
|---|---|---|---|---|---|
| 2010 | 265090 | 107432 | 24866 | 19040 | 5826 |
| 2009 | 238184 | 93450 | 18978 | 14227 | 4751 |

注：数据来自教育部国际合作与交流司编写的各年度《来华留学生简明统计》。

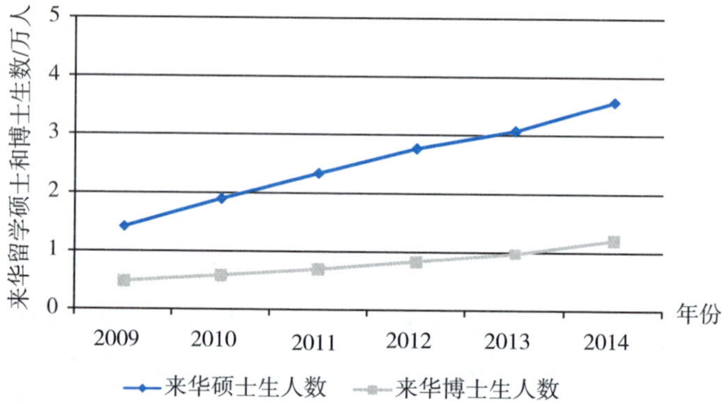


**图1-10　2009—2014年来华留学研究生增长情况**

**表1-10　2009—2014年留学研究生的相对数量及增长情况**

| 年度 | 留学研究生占留学生总体的比例/% | 留学研究生占学历教育留学生的比例/% | 留学硕士生和博士生之比 | 留学研究生增长率/% | 留学硕士生增长率/% | 留学博士生增长率/% |
|---|---|---|---|---|---|---|
| 2014 | 12.73 | 29.19 | 2.96 | 18.20 | 16.37 | 23.94 |
| 2013 | 11.39 | 27.45 | 3.15 | 12.59 | 11.06 | 17.72 |
| 2012 | 10.98 | 27.01 | 3.34 | 18.71 | 18.35 | 19.93 |
| 2011 | 10.38 | 25.56 | 3.39 | 22.16 | 23.18 | 18.83 |
| 2010 | 9.38 | 23.15 | 3.27 | 31.03 | 33.83 | 22.62 |
| 2009 | 7.97 | 20.31 | 2.99 | 32.89 | 37.15 | 21.57 |

注：数据来自教育部国际合作与交流司编写的各年度《来华留学生简明统计》。

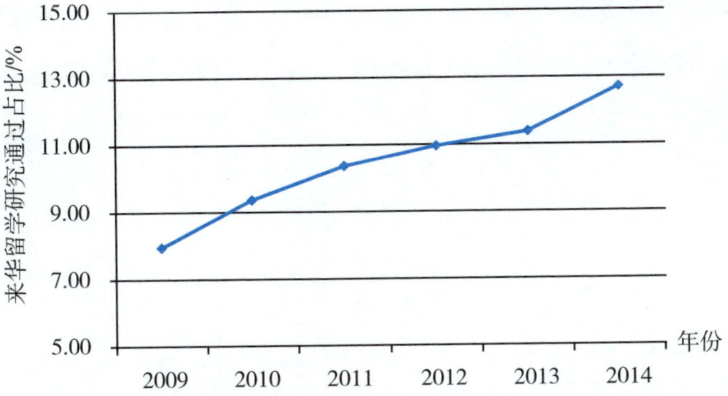


图1-11　2009—2014年来华留学研究生占来华留学生的比例增长

## 三、提高研究生教育质量的主要举措

2014 年是我国提高研究生教育质量里程碑意义的一年。国家出台了《关于加强学位与研究生教育质量保证和监督体系建设的意见》等一系列顶层设计文件，构建了“五位一体”的学位与研究生教育质量保障体系（图 1-12），首次以质量为主题召开全国性研究生教育工作会议，要求从创新驱动发展的战略高度全面提高研究生教育质量，研究生教育开始进入“质量时代”。

### （一）首次以质量为主题召开全国性研究生教育工作会议，构建“五位一体”的学位与研究生教育质量保障体系

2014 年，国务院学位委员会、教育部出台了《关于加强学位与研究生教育质量保证和监督体系建设的意见》等系列文件，在借鉴国际研究生教育质量保障经验的基础上，对我国学位与研究生教育质量保障体系进行了顶层设计，旨在构建与研究生教育强国建设相适应的质量保障新体系。这一体系有四大特点：一是“五位一体”，即学位授予单位、教育行政部门、学术组织、行业部门和社会机构五大利益相关主体在研究生教育质量保障体系中的协同配合、各司其职，分别发挥第一主体、监管和引导主体、监督和评价主体等方面的积极作用。二是重心下移，即明确学位授予单位是研究生教育质量保证的第一主体。三是特色发展，即根据社会对人才需求的多样性，按照培养类型、层次与学科类别等分别制定学位标准，实行分类管理和分类评价，在确保基本质量的基础上，引导、激发培养

单位追求卓越、特色发展。四是注重质量文化建设，通过制度建设增强导师、研究生和管理者的质量意识，引导培养单位逐步形成体现自身发展定位、发展特色与学术传统的质量文化。

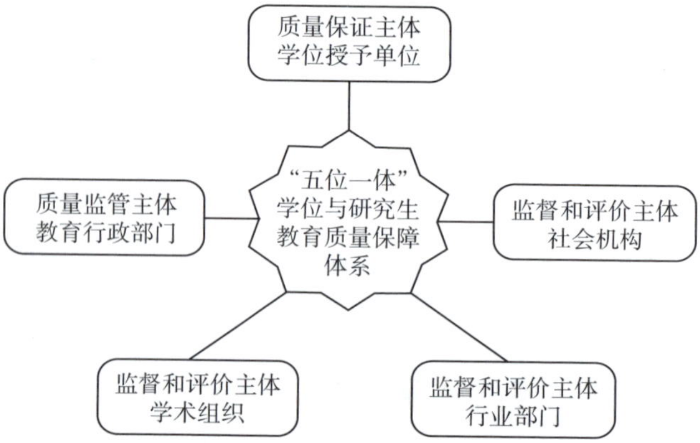


**图1–12 "五位一体"的学位与研究生教育质量保障体系**

**2014年，召开的全国研究生教育质量工作会议，是第一次以质量为主题召开的全国性研究生教育工作会议**

2014 年，召开的全国研究生教育质量工作会议，是 1978 年恢复研究生教育以来第一次以质量为主题召开的全国性研究生教育工作会议，这表明研究生教育质量越来越受到政府重视和社会关注。国务院副总理刘延东同志出席会议并发表讲话，研判了研究生教育质量现状，从创新驱动发展的战略高度对全面提高研究生教育质量的重要意义和主要路径进行了重点分析。强调要牢固树立科学的研究生教育质量观，加快推进研究生培养模式改革，大力加强导师队伍建设，建立健全内部质量保障体系，切实强化外部质量评价与监督，扎实推进研究生教育法治化进程，不断提高研究生教育国际化水平。

### （二）建立周期性的学位授权点合格评估制度，明确博士硕士学位论文抽检办法

2014 年，国务院学位委员会、教育部印发《学位授权点合格评估办法》，建立每 6 年一个周期的学位授权点合格评估制度。获得学位授权满 6 年的授权点都

要进行合格评估，博士、硕士学位授权点合格评估分别由国务院学位委员会办公室、各省级学位委员会组织实施，军队系统学位授权点合格评估由中国人民解放军学位委员会组织实施。国务院学位委员会将根据合格评估结果和处理意见做出限期整改或撤销学位授权的处理决定。这标志着研究生教育领域正式确立了常态化、全覆盖的授权点合格评估制度，打破了学位授权点终身制。学位授权点合格评估指标体系以研究生培养为核心，重点在于评估该授权点的人才培养质量与学位授予质量。每 6 年一轮的学位授权点合格评估分成两个阶段：前 5 年为第一阶段，即学位授予单位的自我诊断式评估阶段。最后 1 年为第二阶段，即教育行政部门进行的随机抽评阶段，由教育行政部门按不低于 20% 的比例随机抽取部分授权点进行评估，抽评范围覆盖所有学位授予单位。

**《学位授权点合格评估办法》标志着研究生教育领域正式确立了常态化、全覆盖的授权点合格评估制度，打破了学位授权点终身制**

为保证学位授予质量，做好博士、硕士学位论文抽检工作，国务院学位委员会、教育部制定了《博士硕士学位论文抽检办法》，并将学位论文抽检结果列为学位授权点合格评估的一项重要指标。博士、硕士学位论文抽检分别由国务院学位委员会办公室、各省级学位委员会组织实施，军队系统学位论文抽检由中国人民解放军学位委员会组织实施。抽检办法规定每年都要进行一次学位论文抽检，抽检范围为上一学年的学位论文，博士、硕士学位论文的抽检比例分别为 10% 和 5% 左右。根据抽检办法，若学位授予单位在连续 2 年的抽检中均出现“存在问题学位论文”，且比例较高或者篇数较多的，研究生教育主管部门要约谈培养单位主要责任人。

**博士、硕士学位论文的抽检比例分别为10%和5%左右**

### （三）推进专业学位研究生培养的规范化和标准化

以职业需求为导向的专业学位研究生教育要求其培养内容能与职业领域的素质要求紧密结合，特别是与职业任职资格紧密衔接。临床医学硕士、建筑学硕士、翻译硕士等专业学位类别分别适应各自行业对人才培养的要求，不断创新人才培养模式，在不同程度上实现了学位授予与职业任职资格的有效衔接。

作为专业学位人才培养模式改革的突破口，临床医学硕士专业学位研究生培养改革在2014年取得重要进展。教育部、国家卫生计生委、国家中医药管理局、国家发展改革委、财政部、人力资源和社会保障部等六部门联合制定了《关于医教协同深化临床医学人才培养改革的意见》，推动构建以“5+3”为主体的医学人才培养体系，确定了“到2020年基本建成符合医学教育规律、与国际接轨、具有中国特色的临床医学人才培养体系”的改革目标。教育部、国家卫生计生委、国家中医药管理局还联合召开了医教协同深化临床医学人才培养改革工作推进会，要求加快实现临床医学硕士专业研究生培养与住院医生规范化培训有机衔接的教育制度，合格的毕业生将获得4个证书：研究生毕业证、学位证和执业医师资格证、住院医师规范化培训合格证书。

**临床医学硕士专业合格的毕业生将获得4个证书**

### （四）改进和加强研究生课程建设，重视发挥“三助一辅”的培养功能

课程学习是研究生培养必不可少的重要环节，为更好地发挥课程学习环节的培养效果，教育部制定了《关于改进和加强研究生课程建设的意见》，对加强研究生课程建设提出了20条意见，要求充分认识加强研究生课程建设的重要意义和总体要求、强化研究生培养单位的课程建设责任、构建符合培养需要的课程体系、建立规范和严格的课程审查机制、加强研究生选课管理、改进研究生课程教学、完善课程考核制度、提高教师教学能力和水平、加强课程教学管理与监督、强化政策和条件保障。教育部给每个省补贴资金110万元，各省负责将本省筹措资金和教育部补贴资金统筹使用，支持部分培养单位开展课程建设试点，发挥示范带动作用，激发培养单位开展课程建设的积极性。据统计，有北京工业大学、北京师范大学、首都师范大学等169所培养单位被确定为课程建设试点单位，约80%的试点单位为地方高校。

为充分发挥助研、助教、助管和担任学生辅导员（简称“三助一辅”）对研

究生培养的功能，进一步提高研究生教育质量，教育部制定了《关于做好研究生担任助研、助教、助管和学生辅导员工作的意见》，对进一步做好研究生“三助一辅”工作提出了13条意见。要求强化“三助一辅”的培养功能，把助研作为研究生科研能力培养的重要途径，提升助教对研究生能力培养和知识掌握的作用，通过助管工作加强研究生管理能力锻炼，将担任学生辅导员作为加强研究生思想政治工作的新途径。要求强化和落实培养单位的主体责任，按照培养功能为主、其他功能为辅的原则加强统筹协调，保证“三助一辅”岗位提供能力与培养需求相适应，并分类建立指导与培训体系。要求完善“三助一辅”的聘用、考核、服务等体系，并加强与奖助学金政策的有机结合，多渠道加大经费支持。

### （五）明确培养单位质量主体责任，取消国家重点学科评审和全国优秀博士学位论文评审

为促进研究生教育内涵发展、突出学科特色优势、提高研究生教育质量，国务院学位委员会、教育部主动推进学位授权审核制度改革。在基本稳定学位授权点的前提下，国务院学位委员会制定了《关于开展博士、硕士学位授权学科和专业学位授权类别动态调整试点工作的意见》，建立学科动态调整机制，启动了学位授权点动态调整试点工作。动态调整工作的原则是稳定规模、优化结构、以单位自主调整为基础、发挥省级统筹作用、实现调整工作常态化。动态调整方式包括学位授予单位自主调整、省级学位委员会统筹调整两种。2014年在上海、江苏、安徽、广东四省、直辖市率先开展了动态调整试点工作。

随着本届政府简政放权、放管结合、转变政府职能工作的深入推进，教育部、国务院学位委员会从2014年开始取消了国家重点学科审批和全国优秀博士学位论文评选。淡化学科建设的行政思维，取消国家重点学科评审，有利于高校依据办学实际、办学特色自主规划重点建设的学科范围，以全球视野和国际化坐标开展学科建设。取消国家重点学科评审并不意味着降低学科建设对于高校的重要性，实际上，学科建设仍然是高校的重中之重，教育部也正在制定统筹推进一流大学和一流学科的重点建设政策，促进研究生教育内涵发展。在取消全国优秀博士学位论文评选的同时，加大了对博士学位论文的抽检力度，《博士硕士学位

论文抽检办法》规定博士学位论文的抽检比例为10%，而此前的比例为5%。博士培养质量保障的管理思路正在从“优秀示范”向“保底线”转变，同时强调省级统筹和培养单位自主权。

**《博士硕士学位论文抽检办法》规定博士学位论文的抽检比例为10%**

## 四、制约研究生教育质量提升的主要问题

### （一）研究生培养模式缺少多样性和灵活性

当前，研究生教育培养模式单一是不同类型、不同层次的研究生教育都面临的重要问题。随着社会、经济和文化的发展，学术型研究生教育也需要与时俱进，持续改进培养模式，以不断提高研究生的学术能力和创新能力。而专业学位研究生教育由于起步晚、发展速度快、培养经验不足，加上部分培养单位条件有限，使我国专业学位研究生难以形成以提升职业能力为导向，以强化实践能力和创业能力为重点，面向特定职业领域，培养适应专业岗位的综合素质，产学相结合的培养模式。为此，各培养单位只有面向世界科学技术前沿和我国社会发展的重大理论与现实问题、面向我国行业产业经济发展的核心共性问题、面向区域经济发展的重大需求，充分利用自身优势，发挥学校办学特色、不断挖掘各种教育资源，构建更加灵活和更加多元的研究生培养模式，才能更加使我国研究生教育服务于社会经济发展，更加突出科教结合和产学结合，更加突出研究生创新精神和实践能力培养，才能为我国发展培养出一批满足社会发展多样化需求的拔尖创新人才。

### （二）部分培养单位不重视研究生课程建设

课程学习在研究生培养中发挥着及其重要的作用，是我国学位和研究生教育制度的重要特征，是保障研究生培养质量的必备环节，在研究生成长成才中具有全面、综合和基础性作用。但是，长期以来部分培养单位对课程建设的重视度一直不够的问题非常突出。如课程体系设计不能很好地体现本学科研究生培养目标和学位要求、课程内容缺乏前沿引领和研究方法的传授、授课方式不能充分尊重

研究生的主体地位、因人设课等。在近 3 年的研究生教育满意度调查中，研究生对课程体系的合理性和的评价普遍偏低也印证了这点。2015 年研究生教育满意度调查数据显示，研究生对课程体系合理性和课程内容的前沿性的满意评价分别只有 65.0%、64.7%，分别比研究生总体满意度低 6.7 和 7.0 百分点。2015 年 1 月，华东师范大学公布的全国研究生课程质量调查报告也显示，研究生对课程设置满意度非常低。

**2015年研究生对课程体系合理性和课程内容的前沿性的满意评价分别只有 65.0%、64.7%，分别比研究生总体满意度低6.7和7.0百分点**

### （三）研究生教育质量信息披露不及时、不规范

及时向社会公开研究生教育质量信息是加强社会监督、保障研究生教育质量的一项重要制度设计，但很多培养单位在研究生教育质量信息披露不及时，也缺乏相应的规范。从一些培养单位已发布的研究生教育质量报告来看，多存在信息披露不全面和缺乏对质量问题的深入分析等。例如，教育部在 2013 年就通知要求各高校要编制、公开公布本校毕业生就业质量年度报告。统计数据显示，2014 年全国高校发布研究生就业率的共 357 所；发布研究生就业状况的高校共计 261 所；单独发布 2014 年研究生就业质量报告的高校仅有 22 所。[①] 但调查发现，各校公布的研究生就业信息存在数据难以比较和数据缺失等问题：有的高校没有细分硕士、博士毕业生的就业状况，有的高校没有细分专业学位、学术学位毕业研究生的就业状况，有的高校没有细分各学院、各学科毕业研究生的就业状况，有的高校甚至没有公布研究生的总体就业率。

① 本统计数据来源由安徽博约信息科技有限责任公司利用非结构化大数据分析平台计算整理而成。

# 第二章　研究生教育质量年度事件与年度人物

研究生教育质量年度热点反映和记录了关于年度研究生教育质量的热门事件和人物。本报告筛选了研究生教育领域的七大质量事件和一位年度人物，以此展示 2014 年研究生教育质量的政策举措和实施成效。

## 一、一个会议：首次召开全国研究生教育质量工作会议

全国研究生教育质量工作会议暨国务院学位委员会第三十一次会议于 2014 年 11 月 5 日在北京召开。这是自 1978 年恢复研究生教育以来，首次以质量为主题召开的全国性研究生教育工作会议；是继 2013 年 7 月 10 日全国研究生教育工作视频会议之后召开的又一次研究生教育改革与发展工作会议；是落实中共十八届三中和四中全会精神、习近平总书记系列重要讲话精神和国务院决策部署的重要会议。这次会议对于全国研究生教育战线统一认识，深化改革，建章立制，提高学位与研究生教育质量具有重要意义。

### （一）会议背景

2011 年，国家将提高质量作为研究生教育发展的战略，采取一系列措施来促进研究生教育质量的提升。比如，通过专业学位研究生教育综合改革，提升专业学位研究生教育质量；启动研究生科学道德与学风建设宣讲教育活动，营造良好的学术风气。2012 年，国家亟需深化研究生培养机制改革，创新培养模式，加强质量监督保证体系建设，走以质量为核心的内涵式发展道路，大幅提升学位与研究生教育发展水平和支撑服务能力①。2013 年启动的研究生教育综合改革，确立了“以服务需求、提高质量为主线”“更加突出服务经济社会发展，更加突

① 赵婀娜、刘延东在国务院学位委员会第二十九次会议上强调系统部署　重点推进　全面提升学位与研究生教育水平［EB/OL］.［2013-08-10］. http：//www.moe.edu.cn/publicfiles/business/htmlfiles/moe/moe_847/201202/131256.html.

出创新精神和实践能力培养，更加突出科教结合和产学结合，更加突出对外开放”的总体思路。研究生教育改革发展迈出新的步伐，进展顺利，成果显著。深化改革日益成为研究生教育发展的主基调，抓内涵促质量日益成为研究生教育发展的主旋律，服务经济社会需求日益成为研究生教育发展的主方向。

### （二）刘延东副总理讲话：牢牢扭住质量核心不动摇

中共中央政治局委员、国务院副总理、国务院学位委员会主任委员刘延东在会议上作了重要讲话，强调指出要认真贯彻落实党中央、国务院决策部署，全面深化综合改革，创新人才培养模式，坚持问题导向，大力提升研究生教育质量，为创新驱动发展、国家现代化建设培养更多高端人才。

刘延东副总理指出，研究生教育综合改革已全面启动，要从全局和战略的高度，抓住机遇，突出重点，多措并举，牢牢扭住质量核心不动摇，进一步深化改革，推进依法治教，使研究生教育质量有一个大的提高，从 7 个方面重点强调了全面提高研究生教育质量的战略部署，依次是牢固树立科学的研究生教育质量观，加快推进研究生培养模式改革，大力加强导师队伍建设，建立健全内部质量保障体系，切实强化外部质量评价与监督，扎实推进研究生教育法治化进程，不断提高研究生教育国际化水平。

**全面提高研究生教育质量战略部署**

- （1）牢固树立科学的研究生教育质量观
- （2）加快推进研究生培养模式改革
- （3）大力加强导师队伍建设
- （4）建立健全内部质量保障体系
- （5）切实强化外部质量评价与监督
- （6）扎实推进研究生教育法治化进程
- （7）不断提高研究生教育国际化水平

刘延东副总理指出，改革开放特别是教育规划纲要实施以来，我国研究生教育学科整体水平显著提高，服务国家需求能力持续增强，国际影响力不断扩大，实现了历史性跨越。刘延东强调，要深刻把握全球经济科技竞争新趋势，坚定不移推动改革，使研究生教育成为高端人才的聚集器、国家科技创新的倍增器和中华优秀文化传承创新的推进器。要树立科学的质量观，解决好培养什么人、为谁培养人的问题，围绕经济社会需求优化结构，坚持质量为核心的内涵式发展，着眼提升创新与实践能力改革培养模式，把握好规模与质量、借鉴与弘扬的关系。要按照“四有”标准建设一支造诣精湛、德学双馨的导师队伍，突出科教结合和产学结合，不断提升研究生教育的国际化水平。要健全法律法规、完善制度规范、强化监督责任，建立完善内部质量保障与外部评估体系，努力开创研究生教育改革发展新局面①。

## （三）会议精神的影响

全国研究生教育质量工作会议暨国务院学位委员会第三十一次会议突出提高质量这个主题，部署全面系统，对推进研究生教育内涵发展意义深远②。其一，进一步认识到研究生教育战略地位空前重要；其二，科学质量观是提高质量的基本遵循；其三，质量保障体系和质量文化建设并重；其四，深化综合改革是提高质量的根本途径；其五，提高法治化水平是提高质量的重要保障。全国研究生教育质量工作会议引起了热烈的反响。

1. 省级政府出台提高研究生教育质量的政策与措施

为贯彻落实全国研究生教育质量工作会议精神，部分省市和高等学校纷纷总结研究生教育质量保障经验，提出未来的发展设想。

江苏省坚持把研究生教育作为现代教育体系和区域创新体系的重要组成部分，把提高质量作为研究生教育改革发展的核心任务，把构建质量保证和监督体系作为提高研究生教育质量的有力抓手，充分发挥省级统筹和高校自主两方面作用，加快推进研究生教育内涵式发展。江苏省坚持标准先行，细化落实研究生教育质量要求；突出主体责任，完善内部质量保证体系；深化改革创新，以重大专项实施带动质量提升；注重多措并举，健全外部质量监督体系③。

---

① 刘延东在全国研究生教育质量工作会议暨国务院学位委员会第三十一次会议上强调深化改革　优化结构　全面提高我国研究生教育质量．[ EB/OL ]．[ 2015-03-04 ]．http：//www.gov.cn/guowuyuan/2014-11/05/content_2775580.htm.

② 聚焦质量　谋划改革　推动内涵发展——全国研究生教育质量工作会议暨国务院学位委员会第三十一次会议综述［J］．学位与研究生教育，2015（1）：24—25.

③ 曹卫星.注重省级统筹　强化内涵建设　构建区域研究生教育质量保证监督体系[ J ].学位与研究生教育，2015（1）：17—18.

陕西省以提高研究生培养质量为核心，以服务经济社会发展为着力点，多措并举地推进研究生培养工作。一是加强顶层设计，系统规划研究生教育综合改革。二是实施分类指导，不断优化调整研究生教育学科、类型结构。三是坚持多措并举，采取校企、校所、校校合作等多种模式，整合优势资源，建立陕西省研究生联合培养示范工作站，推进产学研合作；开展省级优秀博士学位论文评选；举办研究生创新成果展，激励研究生创新创业精神。四是完善5个机制，逐步完善研究生教育质量保障体系，包括完善经费投入保障机制、完善教育诚信机制、完善评估检查机制、完善信息公开机制、完善奖励激励机制[①]。

广东省紧紧围绕“服务需求、提高质量”这一主线，大力推动研究生教育内涵式发展。稳步实施学位授权点动态调整，率先制定印发了《广东省学位授权点动态调整实施方案》，引导和支持高校建设一批既有一定基础和特色，又符合广东省经济社会发展迫切需求的学科点；着力推动我省学位授权体系，从以规模扩张为特征的外延式发展向以质量提升为核心的内涵式发展转变；建立健全研究生培养质量保障体系。广东省积极构建以研究生培养单位质量保证为基础，教育行政部门监管，学术组织、行业部门和社会机构参与的内部质量保证和外部质量监督体系；建立健全研究生教育质量监控机制。积极转变政府职能，推进管办评分离，探索委托第三方开展研究生教育质量评估，强化对结果的应用[②]。

黑龙江省以提高质量为核心，以改变培养模式单一局面，适应学术学位和专业学位不同类型、硕士和博士不同层次人才培养需要为切入点和突破口，全面推进研究生教育综合改革，深入开展产学研联合培养研究生改革试点，积极探索产学研联合培养研究生实质性合作路径。2013年，黑龙江省教育厅、科技厅、工信委三部门联合出台了《黑龙江省产学研联合培养研究生暂行办法》，向省级研究生培养创新实践基地投放单列的招生计划，由基地选派优秀专家为第一导师、学校配备第二导师，建立资源共享、互利共赢的合作机制，开启了在博士和硕士不同层次、学术学位和专业学位不同类别、科研院所和行业企业不同单位开展产

---

① 李兴旺.多措并举 全面提高研究生培养质量[EB/OL].[2015-03-12]. http://www.jyb.cn/high/sjts/201501/t20150117_610731_2.html.

② 罗伟其.以协同创新为引领 深化研究生教育综合改革[EB/OL].[2015-03-12]. http://www.jyb.cn/high/sjts/201501/t20150117_610731_1.html.

学研联合培养研究生工作。深入推进省级研究生学术交流项目，着力建设一批重点学科群，实施“省优势特色学科建设项目”，扎实推进特色高水平大学建设工程①。

重庆市面对国家经济社会发展的“新常态”，研究生教育扎扎实实地提高质量，走内涵发展之路。强化学科龙头，发挥集聚效应，打造一批特色学科专业集群促进集聚效应；通过学科动态调整，不断优化学科体系。推进科教协同，创新育人模式，围绕国家和区域经济社会发展需求，强力协同市内外行业企业、科研院所及高校等单位，建设了市级协同创新中心 24 个。围绕评估促质量，建立和完善研究生培养质量标准管理，优化各类研究生授权标准，推进培养单位参与国际教育质量认证；建立培养质量自我评估机制；建立质量检查评估与公共教育资源配置、学科动态调整有机结合的机制，对评估中存在问题的单位，视情况做出质量约谈、减少招生计划、停止招生直至撤销学位授权资格的处理；建立毕业生发展质量跟踪调查和反馈制度；建立研究生教育质量信息公开平台，发布研究生教育发展质量报告，全面公开研究生培养招生信息、研究生就业信息以及研究生教育改革政策措施与实施绩效②。

**全国研究生教育质量工作会议确定了培养单位是质量保障的第一主体、导师是研究生培养的第一责任人的理念，重心下移成为质量保障体系的亮点**

2. 专家的评论

有学者提出，2014 年召开的全国研究生教育质量工作会议，确定了研究生教育质量保障体系建设的目标、思路和举措。在“五位一体”的质量保障体系中，确立了培养单位是质量保障的第一主体、导师是研究生培养的第一责任人的理念，重心下移成为质量保障体系的亮点。而重心下移的根本，就是要落实导师在

① 徐梅．推进综合改革　实施四项工程［EB/OL］．［2015-03-12］．http：//www.jyb.cn/high/sjts/201501/t20150117_610731.html.

② 牟延林．提高质量　推动研究生教育内涵发展［EB/OL］．［2015-03-12］．http：//www.jyb.cn/high/sjts/201501/t20150117_610731_3.html.

其中的核心作用。从根本上讲，如何释放导师活力，发挥导师核心作用，不仅是落实育人为本理念的关键所在，也是贯穿整个研究生教育综合改革的核心所在。要充分调动导师育人积极性、激发导师活力，在强调导师是研究生培养第一责任人的同时，必须赋予导师明晰、合理的责任界定，以及与责任相匹配的“权力”空间。否则，如果不能充分发挥导师的核心作用，不仅育人为本的理念难以落到实处，整个研究生教育综合改革也失去了根基。健全学术评价体系、尊重科教结合中的学科差异、落实导师的责任意识和自主权，是当下发挥导师核心作用、落实育人为本理念亟待解决的最紧迫问题[①]。

## 质量是深化研究生教育改革的核心目标，是决定研究生教育综合改革成功与否的“牛鼻子”

有学者提出，质量是深化研究生教育改革的核心目标，是决定研究生教育综合改革成功与否的“牛鼻子”。深化研究生教育综合改革，应该树立研究生教育的“大质量观”，主要有 3 层含义：一是宏观层面的系统质量，即研究生教育作为一个系统，其规模与结构和社会需求匹配程度的高低，匹配程度越高，则研究生教育系统质量越高，反之则越低；二是微观层面的人才培养质量，即研究生在素质上满足用人单位需求的程度或者实现教育目标的程度；三是人才质量的文化与制度，即大学的所有人员应该在观念上、思想上树立“质量是学校发展的生命线”的核心理念，坚守崇尚学术，自由探索和甘于寂寞的学术精神以及关心国家和民族命运的责任感和使命感，构建一套有利于促进保障研究生教育质量提升的文化和法律、制度体系。长期以来，我们关注的是教育资源投入的多少、学术产出的多少等，而新的质量评价观使其质量评价的功能从资源的配置、社会问责等更多地转向了培养单位的质量改进、学术声誉提升为主[②]。

---

① 陈洪捷 . 发挥导师核心作用　落实育人为本理念［EB/OL］.［2015-03-12］. http：//www.jyb.cn/high/sjts/201501/t20150117_610731_4.html.

② 袁本涛 . 质量是深化研究生教育改革的根本［EB/OL］.［2015-03-12］. http：//www.jyb.cn/high/sjts/201501/t20150117_610731_5.html.

**大质量观**
- 宏观层面的系统质量
- 微观层面的人才培养质量
- 人才质量的文化与制度

### 结语

我国研究生教育发展已经取得了举世瞩目的成绩，但是制约质量提升的深层次问题还需要通过深化改革加以解决。本次质量工作会议站在新时期发展战略的高度，全面谋划教育内涵发展，必将在我国研究生教育发展史上留下浓墨重彩的一笔。

## 二、一组政策：形成学位与研究生教育质量保障体系

国务院学位委员会和教育部印发的《关于加强学位与研究生教育质量保证和监督体系建设的意见》《学位授权点合格评估办法》和《博士硕士学位论文抽检办法》，2014 年 3 月 17 日在教育部网站公布。这是进一步深化研究生教育改革，提升研究生教育质量的重要举措，这是第一个专门针对研究生教育质量保证和监督体系建设的文件。

### （一）政策文本内容解析

1.《关于加强学位与研究生教育质量保证和监督体系建设的意见》

国务院学位委员会、教育部《关于加强学位与研究生教育质量保证和监督体系建设的意见》指出，面对高层次人才培养的新形势，提高质量是研究生教育改革和发展最核心最紧迫的任务，亟需进一步完善与研究生教育强国建设相适应、符合国情和遵循研究生教育规律的质量保证和监督体系，因此，要全面贯彻落实研究生教育改革精神，转变政府职能，推进管办评分离，树立科学的质量观，以研究生和导师为核心，以学位授予单位为重心，从研究生教育基本活动入手，明确各质量主体职责，保证研究生教育基本质量，创新机制，激发学位授予单位追求卓越的积极性和创造性，不断提高人才培养水平。

《关于加强学位与研究生教育质量保证和监督体系建设的意见》提出要强化学位授予单位的质量保证，学位授予单位是研究生教育质量保证的主体，要健全

内部质量保证体系，确立与本单位办学定位相一致的人才培养和学位授予质量标准，建立以培养质量为主导的研究生教育资源配置机制；要加强教育行政部门的质量监管，建立全国研究生教育质量信息平台，促进学位授予单位质量自律，省级教育行政部门要加大对本地区学位与研究生教育质量的监管力度，积极推动研究生教育质量监督区域协作机制建设；要充分发挥学术组织、行业部门和社会机构的监督作用，充分发挥国务院学位委员会学科评议组等学术组织在研究生教育质量调查研究、标准制订、评估论证及学风建设等方面的重要作用，充分发挥行业部门在人才培养、需求分析、标准制定、实践训练和专业学位质量认证等方面的积极作用。

《关于加强学位与研究生教育质量保证和监督体系建设的意见》以附件的形式提出了《学位授予单位研究生教育质量保证体系建设基本规范》，包括目标与标准、招生管理、培养过程与学位授予管理、导师岗位管理、研究生管理与服务、条件保障与质量监督、质量管理与质量文化 7 个部分。

**《学位授予单位研究生教育质量保证体系建设基本规范》颁布**

2.《学位授权点合格评估办法》

《学位授权点合格评估办法》共有 18 条，其中第三条、第四条简要阐述了学位授权点合格评估的基本制度，第五条规定了合格评估的基本原则，第八条规定了学位授予单位自我评估的基本程序，第九条规定了教育行政部门随机抽评的基本程序，第十条规定了评估结果认定的基本原则，第十二条、第十三条规定了评估结果的公布与处理。

**《学位授权点合格评估办法》规定每一轮评估的前5年为自我评估阶段，最后1年为随机抽评阶段**

《学位授权点合格评估办法》规定，学位授权点合格评估分为学位授予单位自我评估和教育行政部门随机抽评两个阶段，以学位授予单位自我评估为主；每一轮评估的前 5 年为自我评估阶段，最后 1 年为随机抽评阶段。学位授予单位自我评估为诊断式评估，是对本单位学位授权点的全面检查，着眼于发现问题，办出特色，持续提升研究生教育质量；鼓励有条件的单位和学位授权点开展国际评估或专业资格认证。学位授权点合格评估遵循科学、客观、公正的原则，以人才培养为核心，重点评估研究生教育质量和学位授予质量。

3.《博士硕士学位论文抽检办法》

《博士硕士学位论文抽检办法》共计 12 条，其中第二条至第四条说明了学位论文抽检的组织实施、范围和比例、调取方式等；第五条至第八条阐述了学位论文抽检评议的基本方式和结论；第九条、第十条学位论文抽检结果的反馈对象和使用方式。

《博士硕士学位论文抽检办法》规定，抽检每年进行一次，抽检范围为上一学年度授予博士、硕士学位的论文，博士和硕士学位论文的抽检比例分别为 10% 和 5% 左右。按照学术学位和专业学位分别制定博士和硕士学位论文评议要素。学位论文抽检结果处理分为质量约谈、责令限期整改、撤销学位授权等。学位授予单位应将学位论文抽检结果作为导师招生资格、研究生教育资源配置的重要依据。

**学位论文抽检结果处理分为质量约谈、责令限期整改、撤销学位授权等**

### （二）新闻报道主要观点

《关于加强学位与研究生教育质量保证和监督体系建设的意见》系列文件 2014 年 3 月 17 日在教育部网站公布后，引发舆论广泛关注。18 日，各大媒体网站集中报道此事，推高舆情热度，其中，《光明日报》《中国教育报》等媒体发表评论文章，引发各大网站转载。

1. 新闻报道

《光明日报》《中国教育报》等媒体刊发了相关报道和评论文章。

（1）教育部：学位授予单位需建质量信息平台接受监督，中国新闻网，3 月 17 日

（2）研究生学位论文将抽检，人民日报，3 月 18 日

（3）研究生学位论文抽检办法公布，新华每日电讯，3 月 18 日

（4）研究生质量从何而“严”，光明日报，3 月 18 日

（5）以人为本简政放权重心下移——谈学位与研究生教育质量保证和监督体系建设，光明日报，3 月 18 日

（6）教育部：研究生教育将建绩效拨款制度，经济日报，3 月 18 日

（7）研究生教育：迈进质量时代，中国教育报，3 月 18 日

（8）构建质量保障体系提高研究生教育质量，中国教育报，3 月 18 日

（9）学位授权点终身制将被打破，法制日报，3 月 18 日

（10）学位论文抽检是个好办法，人民网，3 月 18 日

（11）博士论文抽检率定为 10%，京华时报，3 月 18 日

（12）走向研究生教育创新发展的新路标，中国教育报，3 月 24 日

2. 主要观点

媒体的报道主要集中以下几个方面：其一，系列文件的出台对我国研究生教育的积极意义，认为系列文件的出台明确了研究生教育质量保证和监督体系建设的总体思路和具体举措，对保证研究生教育质量意义重大。其二，论文抽检有利于提高我国研究生培养质量，此举加强了对研究生学位论文的事后监控，能够有效遏制研究生教育中的“学术不端”行为。其三，学位授权点合格评估，有利于培养单位发挥自主权、创新培养机制、形成特色学科。其四，做好研究生论文抽检工作，还需要把抽检结果向公众公开，接受公众和媒体的监督。其五，认为要理性看待论文抽检，对论文抽检的作用不能盲目乐观。

**要理性看待论文抽检，对论文抽检的作用不能盲目乐观**

媒体报道中的典型言论包括：

——《关于加强学位与研究生教育质量保证和监督体系建设的意见》以“以人为本”为主线，以“简政放权、重心下移”为着力点，明确了研究生教育质量保证和监督体系建设的总体思路和具体举措，必将成为我国研究生教育发展史上的一个重要转折点。《以人为本　简政放权　重心下移——谈学位与研究生教育质量保证和监督体系建设》，《光明日报》）

——系列文件的出台标志着从今年起，我国将系统构建以学位授予单位为第一质量主体的研究生教育质量保证和监督体系，教育行政部门将更多地实施事后和宏观监管，改变过去以政府为主，重视准入保障的模式。我国研究生教育“迈进质量时代”。(《研究生教育：迈进质量时代》,《中国教育报》)

**我国研究生教育“迈进质量时代”**

——文件的突出意义在于围绕提高研究生培养质量这一中心，较系统地提出关于研究生教育质量保证与监督体系建设的崭新思路和方案，为我国研究生教育的创新性发展开启了新的征途。(《走向研究生教育创新发展的新路标》,《中国教育报》)

——学位授权点合格评估打破了学位授权点终身制；鼓励高校结合自身学科与培养特色自我举证和自我诊断，从而引导其围绕自身定位明确培养目标、创新培养机制和形成特色，在最大程度上呵护培养单位的自主权和特色；同时使学位授权点合格评估的评价导向从过去的“重科研”转变为以人才培养为核心。(《学位授权点合格评估改了什么？》,《光明日报》)

**学位授权点合格评估的评价导向从过去的“重科研”转变为以人才培养为核心**

——应做好研究生学位论文抽检工作，给研究生招生单位头顶高悬“达摩克利斯之剑”，当然还应把抽检的结果向公众公开，接受公众和媒体的监督，而不能只是“在一定范围内采取适当形式公布”。(《研究生学位论文抽检是个好办法》,人民网)

**寄望于学位论文抽检制度来规范和矫正当下的学位教育乱象，挤出其中的水分，的确仍显力有不逮**

——博士硕士学位论文，固然是评价研究生教育的重要依据，但寄望于学位论文抽检制度来规范和矫正当下的学位教育乱象，挤出其中的水分，的确仍显力有不逮。毕竟，“东郭”博士，其实本不难分辨，不应等“论文抽检”来擦亮学术评价的惺忪睡眼。(《“论文抽检”能否让“东郭”博士现形？》华声在线)

——从研究生教育基本活动入手，着眼于研究生教育质量标准这一重要环节的改革，明确要求培养单位“确立与本单位办学定位相一致的人才培养与学位授予质量标准”。这是明确引导我国研究生教育走向特色化、多样化和创新性发展的重要宣示。(《走向研究生教育创新发展的新路标》,《中国教育报》)

### 结语

国务院学位委员会、教育部3月17日正式发布的《关于加强学位与研究生教育质量保证和监督体系建设的意见》《学位授权点合格评估办法》和《博士硕士学位论文抽检办法》3个文件，是我国自1978年恢复研究生教育以来，由国务院学位委员会、教育部首次印发的有关学位与研究生教育质量保证和监督体系建设的文件。这一系列文件精神的贯彻落实将有力地促使研究生培养单位切实担负起第一质量主体的责任，健全更加有效的内部质量保证体系，研究生教育行政管理部门将有效地发挥政府宏观管理和宏观监督的作用，行业组织和学术组织等社会组织将有机地参与到研究生教育质量保证和监督之中，基于管办评分离的原则，共同建构起研究生教育质量保证和监督体系。

## 三、一个举措：学位授权点合格评估

2014年6月26日，国务院学位委员会、教育部印发《关于开展学位授权点合格评估工作的通知》，决定于2014—2019年开展学位授权点合格评估工作。

### (一)学位授权点合格评估的基本要求

《关于开展学位授权点合格评估工作的通知》明确指出，评估工作分为学位授予单位自我评估和教育行政部门随机抽评两个阶段。其中，2014—2018年为自我评估阶段，2019年为随机抽评阶段。国务院学位委员会根据学位授权点合格评估结果，分别做出继续授权、限期整改或撤销学位授权的处理决定。处理决定向社会公开。

《学位授权点自我评估指南》从评估内容、组织方式、评估方式、评估结果、改进提升方案、总结报告、其他等方面对学位授权单位开展学位授权点自我评估工作提供了指导性意见。指南要求学位授权单位合理安排评估进程，要根据本单位实际情况，根据学位授权点数量，统筹考虑评估工作安排。指南提出要加强评估过程管理，明确评估是手段、诊断是目的，重在发现问题、解决问题，避免评估走过场、形式化，确保自我评估达到预期目标。

《学位授权点抽评要素》分为3个一级指标，17个二级指标。“目标与标准”包括培养目标（本学位点培养研究生的目标定位）、学位标准（本学位点授予博士、硕士学位的基本标准）2个二级指标；“基本条件”包括培养方向、师资队伍、科学研究、教学科研支撑、奖助体系5个二级指标；“人才培养”包括招生选拔、课程教学、导师指导、学术训练、学术交流、分流淘汰、论文质量、学风教育、管理服务（研究生权益保障制度建立情况，在学研究生学习满意度调查情况）、就业发展（本学位点毕业研究生的就业率、就业去向分析，用人单位意见反馈和毕业生发展质量调查情况）10个二级指标。

研究生培养单位完成学位授权点自我评估后，根据自我评估结果和专家评议意见，对学位授权点进行全面总结，填写《学位授权点自我评估总结报告》，包括学位授权点基本情况、自我评估工作开展情况和持续改进计划；要填写《学位授权点自我评估结果汇总表》，对每一个开展自我评估的学位授权点给出自我评估结果和处理意见，其中自我评估结果分为“合格”和“不合格”，处理意见则主要包括“拟撤销”与“拟调整”两类。

### （二）学位授权点合格评估的深远影响

此次立足于提高研究生教育质量的学位授权点合格评估，将对研究生教育产生深刻影响。

其一，学位授权点不再是“终身制”。有学者认为，虽然在法理层面上，学位授权点不是“终身制”，更不是铁打的营盘。但是，由于我国研究生教育质量保障制度的建设相对滞后，不能很好地适应研究生教育的快速发展，一个典型的现象是学位授权点能上不能下。随着学术自身和社会发展对人才需求的变化，高校办学目标的调整和师资力量的变化，学位授权点也要进行动态调整，主动适应需求。从新发布的《学位授权点合格评估办法》来看，是紧扣上述两点，开展周期性和常态化的认证和评估，从而打破学位授权点的终身制，以摆脱我国研究生教育面临的上述困境[①]。

## 学位授权点评估将由政府主导变成多方参与

其二，学位授权点评估将由政府主导变成多方参与。我国学位授权点评估向来坚持政府组织的官方评估和培养单位开展的自我评估相结合，政府官方评估以培养单位自我评估为基础，评估结论则以政府官方评估为准，培养单位的自我评估更多是为政府官方评估做准备和提供材料，属于一种被动接受。此次启动的新一轮学位授权点则将培养单位自我评估作为根本，一是并非是短时间内为应付政府评估而进行的应付式行动，而是成为一种日常的主动、自发的评估；二是培养单位的自我评估不再是一个孤立的行为，而是成为研究生教育内部质量保证体系的有机构成部分，研究生培养单位的质量保证活动都以其自我评估作为其持续改进的基础；三是学位授权点评估不再只是政府和培养单位之间的相互博弈，社会组织广泛参与其中，一方面政府的随机抽评或者审核更多地依赖于各种学术组织和行业组织，另一方面培养单位的自我评估也由过去由校内专家完成拓展到聘请校外乃至国外专家参与其中，社会组织参与学位授权点评估将使管办评分离成为现实，将保证学位授权点合格评估能够更充分地反映社会各方面的诉求。学位授予单位自我评估为诊断式评估，是对本单位学位授权点的全面检查，着眼于发现问题，办出特色，持续提升研究生教育质量，这就体现了质量管理的持续改进思想。

## 人才培养成为学位授权点合格评估的关键指标

其三，人才培养代替其他方面成为学位授权点合格评估的关键指标。与此前的学位授权点评估相比较，此次评估更加强调要以人才培养为核心，重点评估研

① 阎光才．学位授权点合格评估改了什么？［EB/OL］.［2015-03-18］. http://news.gmw.cn/2014-03/25/content_10789357.htm.

究生教育质量和学位授予质量。评估包括“目标与标准”“基本条件”和“人才培养”3个一级指标。其中，“基本条件”包括培养方向、师资队伍、科学研究、教学科研支撑、奖助体系5个二级指标；“人才培养”则包括10个二级指标，特别强调课程教学质量和持续改进机制、导师指导研究生的制度要求和执行情况、研究生参与学术训练的情况或专业学位研究生参与实践教学的情况及其制度保证和经费支持等、研究生分流淘汰、学位论文抽检情况、在学研究生学习满意度调查情况、毕业研究生的就业率及其就业去向、用人单位意见反馈和毕业生发展质量调查情况等观测点。学位授权点合格评估的指标体系就是研究生培养及其质量保证的风向标，以人才培养为中心的评估理念的树立将引导我国研究生教育真正走向以研究生成长成才为核心的质量发展之路。

## 四、一项改革：医教协同深化临床医学人才培养改革

教育部、国家卫生计生委、国家中医药管理局、国家发展改革委、财政部、人社部六部门联合印发的《关于医教协同深化临床医学人才培养改革的意见》提出，从2015年起将不再招收七年制临床医学专业学生，而是实施以“5+3”（5年临床医学本科教育+3年住院医师规范化培训或3年临床医学硕士专业学位研究生教育）为主体、以“3+2”（3年临床医学专科教育+2年助理全科医生培训）为补充的临床医学人才培养体系。这是我国临床医学人才培养的一项重要改革，也是专业学位研究生培养模式改革的一次先行探索。

**《关于医教协同深化临床医学人才培养改革的意见》是专业学位研究生培养模式改革的一次先行探索**

### （一）改革的主要精神

《关于医教协同深化临床医学人才培养改革的意见》提出，到2020年基本建成院校教育、毕业后教育、继续教育三阶段有机衔接的具有中国特色的标准化、规范化临床医学人才培养体系。院校教育质量显著提高，毕业后教育得到普及，继续教育实现全覆盖。近期任务，加快构建以“5+3”为主体、以“3+2”为补充

的临床医学人才培养体系。

主要的改革举措，一是深化院校教育改革，提高人才培养质量，包括建立临床医学人才培养与卫生计生行业人才需求的供需平衡机制、深化临床医学专业五年制本科生培养改革、推进临床医学硕士专业学位研究生培养改革、探索临床医学博士专业学位人才培养模式改革、推进临床医学高职（专科）人才培养改革；二是建立健全毕业后教育制度，培养合格临床医师，包括建立住院医师规范化培训制度、建立专科医师规范化培训制度、开展助理全科医生培训；三是完善继续教育体系，提升卫生计生人才队伍整体素质，主要包括开展面向全员的继续医学教育、优化继续教育实施方式、强化继续教育基地和师资队伍建设等。

### （二）媒体舆论的观点

《关于医教协同深化临床医学人才培养改革的意见》（以下简称《意见》）2014 年 11 月 26 日由教育部官方网站公布后，人民网、新浪网、腾讯网等媒体开始转载《意见》的相关内容。28 日，教育部官方网站公布《教育部国家卫计委临床医学人才培养改革答记者问》，就《意见》出台的背景、指导思想、总体目标和重大意义等回答记者提问，媒体大量转载，形成一个报道高峰。

1. 强调改革的重要意义

医学人才培养模式改革的新闻报道中，媒体多次强调《意见》为六部门联发、医教协同，凸显出改革关涉面积之广，意义重大。《中国教育报》指出，它是教育领域推进改革，创新人才培养模式的良好示范。此政策也得到高层关注，央视《新闻联播》栏目播发李克强总理在医教协同深化临床医学人才培养改革工作推进会上的批示，要求“教育部、卫计委积极探索医教相长的好做法、新机制，加快构建具有中国特色的医学人才培养体系”。

2. 深入报道相关问题

媒体围绕所感兴趣的主题进行了选择性报道。一是重点关注临床医学人才培养模式的转变。如《文汇报》的《临床医学教育将调整为“5+3”》、中国广播网的《明年起临床医学硕士从 7 年制改为“5+3”8 年制》等媒体标题都体现了这一点。二是讨论攻读医学专业的“性价比”问题。媒体关注新政实施后，临床医学人才培养时间延长，相比其他行业，学医投入时间与金钱都较多，可能会打击学生学医热情。三是能否真正促进医学生“临床技能”提高。目前医院轮转主要是书写病历等基础性工作，与临床思维、操作技能的锻炼还相距较远，而且住院医师规范化培训时医学生流转科室较为频繁，临床实践培训的含金量难以保证。医教协同有利于提高医生专业素质，解决上述问题，但由条件的制约，学生去三级甲等医院参加住院医师规范化培训，三级甲等医院本就医生多，不可能给予学生太多接触患者的机会，因而可能难以达到提高医学生临床技能的目的。

### （三）医教协同改革的影响

医教协同，深化临床医学人才培养模式改革，是学位与研究生教育领域的重要改革，意义重大，而且也得到高层的关注和媒体认可。但是，从舆情分析的角度来看，《关于医教协同深化临床医学人才培养改革的意见》公布后短期内热度很高，但持续时间很短。从舆论反响来看，因政策关注范围为医疗领域，网民观点呈现出“两派”：普通网民对政策效果寄予厚望，希望政策能真正促进临床医疗的进步；但部分医学生从医生培养年限、整体收入等方面考虑，担忧政策造成人才流失。

医教协同是保证临床医学人才培养真正适应社会需求的关键，而适应社会需求则是研究生教育质量的内在要求。随着经济社会发展水平的快速提升，我国人民对健康的需求更加旺盛和强烈，但是，要看到当前临床医学人才的培养存在一些问题：一是理论与实践脱离的现象仍很严重，具有高超临床实践动手能力的医生依然很稀缺，许多学生理论水平较好，临床实践能力却很差，以致医院不太放心把一些工作交给学生去做；二是面向基层的全科医生更是稀缺，难以满足社区医院等基层医院对全科医生的大量需求。要保证医学生培养能够“下得去”，下去了能够“待得住”，稳定了能够“用得上”，用顺后能够“留得住”，仅仅靠传统的医科院校来进行培养是达不成的，必须集合社会各方面力量来协同培养，要创新培养模式和培养机制。医教协同培养将有力地推动整个医学教育更好地适应社会需求，整个医疗卫生系统能够更好地满足人民群众的要求。

**临床医学人才的培养存在问题，理论与实践脱离，面向基层的全科医生更是稀缺**

医教协同是推进专业学位与职业资格衔接的成功探索。按照医教协同培养方案，学生在完成5年学习并考核合格后，可以免试进入临床医学硕士专业学位研究生阶段学习；而5年制医学本科毕业并取得住院医师规范化培训合格证书的临床医师，也有成才的多样化选择、多样化途径。总之，医教协同将研究生培养过程与住院医师规范化培训过程紧密衔接，以高效地保证合格的毕业生可同时获得执业医师资格证、住院医师规范化培训合格证书、研究生毕业证和学位证4个证书，从而实现学位证书与职业资格的衔接。

医教协同是构成临床医学人才培养质量保障体系的重要要素。医教协同将促使临床医学人才培养从过去重视医学知识的学习转向以岗位胜任力为核心，围绕临床医生的岗位胜任力来重构培养体系和质量标准，实现基础医学与临床课程的整合、专业知识与临床能力的整合。医教协同将促使临床医学人才培养创新教学方法和教学组织形式，重视结合临床问题来进行理论教学和实践教学，在真实情景中锻炼学生的临床实践能力。总之，医教协同深化临床医学人才培养改革是提升医学人才培养的重要举措，这也是我国研究生人才培养的一个探索，将对整个研究生培养尤其是专业学位研究生培养及其质量保证产生深远的影响。

## 五、一个新规：研究生推免新规

2014年8月4日，教育部发布《关于进一步完善推荐优秀应届本科毕业生免试攻读研究生工作办法的通知》，决定自2014年起研究生推免不再设置留校限额，不再区分学术学位和专业学位。这是研究生招生选拔机制改革的具体举措，将对提高生源质量和促进教育公平产生深远的影响。

**2014年起研究生推免不再设置留校限额，不再区分学术学位和专业学位**

### （一）新规的主要精神

《关于进一步完善推荐优秀应届本科毕业生免试攻读研究生工作办法的通知》（以下简称《通知》）要求各推荐高校要坚持以提高选拔质量为核心，完善全面考查、综合评价、择优选拔的推免生评价体系和工作机制，突出能力考查，注重一贯表现，强化对考生科研创新潜质和专业能力倾向的考核。

《通知》规定所有推免生均享有依据招生政策自主选择报考招生单位和专业的权利，所有推免名额（除有特殊政策要求的专项计划外），均可向其他招生单位推荐。推荐高校要充分尊重并维护考生自主选择志愿的权利，不得将报考本校作为遴选推免生的条件，也不得以任何其他形式限制推免生自主报考。规定自2014年起，教育部下达推免名额时不再区分学术学位和专业学位，不再设置留校限额。推荐高校也不得对本校推免名额限制学术学位与专业学位报考类型，不得自行设置留校限额或名额。

《通知》调整优化了研究生推免的工作程序，自2014年起，推荐、接收工作在时间上分为互不交叉的两个阶段。推荐阶段招生单位不得进行与考生签订接收录取协议等接收阶段工作，接收阶段不得开展推荐工作。健全了研究生推免的运行机制和管理模式，教育部建立“全国推荐优秀应届本科毕业生免试攻读研究生信息公开暨管理服务系统”作为推免工作统一的信息备案公开平台和网上报考录取系统，各推荐高校应在推荐阶段通过“推免服务系统”，将推荐办法，以及按照推免名额遴选并公示的推免生名单，报省级教育招生考试管理机构进行政策审核，并按要求向教育部备案。

### （二）媒体报道的主要观点

研究生推免新规一经发布，8月4日—6日媒体开始对此消息进行集中报道，推高舆情热度。8月8日，《中国青年报》发表《谁是保研新政受益者》，引发较多媒体转载。8月20日，《信息时报》名为《名校保研大战竞争将加剧》的报道再次引发网络舆论热议，舆情热度略有回升。

1. 新闻报道

传统媒体和网络媒体围绕研究生推免新规，刊发了一系列新闻报道和新闻评论。

（1）研究生推免不再设置留校限额，《法制日报》，8月4日

（2）研究生推免不再区分学术学位专业学位，《光明日报》，8月5日

（3）教育部将完善研究生推免办法　不再设留校限额，《中国教育报》，8月

5日

（4）研究生推免名额今年起不再区分学术和专业学位，人民网，8月5日

（5）研究生推免今年起禁设留校限额，《北京日报》，8月5日

（6）研究生推免取消留校限额　专家称有利有弊，财新网，8月6日

（7）推免保研新政解读：本校保研机会增多，新浪网，8月6日

（8）保研新规能规避学术“近亲繁殖”吗？红网，8月6日

（9）切实保障推免生自主选择的权利，《中国教育报》，8月7日

（10）谁是保研新政受益者，《中国青年报》，8月8日

（11）研究生推免不设留校限额　新政出台平息高校“掐尖大战”，《文汇报》，8月11日

（12）放宽研究生推免更利于公平，《北京考试报》，8月11日

（13）推免新政动了谁的奶酪，《中国科学报》，8月14日

（14）今年起高校保研实施新规学生保研自主选择权增大，大众网，8月17日

（15）给推免生创造平等竞争的空间，《新闻晨报》，8月19日

（16）名校保研大战将加剧，《信息时报》，8月20日

（17）推免生数量增加　考研或变得更难，《广州日报》，8月27日

2. 舆论观点

媒体的报道集中以下4个方面：①研究生推免新规或加大考研难度。由于推免不再设置留校限额，如果名校增加推免生总量，意味着统考录取人数的减少，对于普通高校学生来说，考研竞争将会更加激烈。②推免是研究生自主招生的一种方式，取消限额能够扩大学校的自主权，扩大学生的选择空间，是高校招生改革的重要方向。③取消推免限额，还应给不同校际的推免生创造平等竞争的空间。高校在招生录取中应消除对推免生的身份歧视，秉持公平、公正的录取理念，防止学术“近亲繁殖”。④从社会管理这一更高层面来看待推免新规，担心新规造成普通高校学生上名校的机会减少，研究生招生考试促进社会阶层流动的功能减弱，学生就业更加困难。

### （三）研究生推免新规的是与非

“不再设置留校限额”这两项规定，实际上扩大了学生的选择空间，符合我

国研究生教育改革方向。但是，学生自主选择能否真正成为现实，取决于大学招生是否能消除学校歧视，给每所学校的推免生平等的机会。如果研招单位更倾向于录取来自本校的学生，那么外校学生的机会就会受影响，结果还是本校招收本校的推免生多。更直白地说，“不再设置留校限额”对于不同层次的研究生培养单位有着不同的含义，对于一般院校来说是失去了通过限额来留住本校优秀生源的有效做法，对于高水平大学来说是面临着如何调整本校学生推免本校的指标以避免造成对外校优秀生源不公平的现象。

## “不得自行设置留校限额或名额”，在“推免服务系统”的可靠保障下，成了一纸空文

有作者以《推免生的自主权利去哪儿了？》为题，评论了围绕推免生开展的“保卫战”和采取的各种“妙招”，并调侃“妙招”之所以奏效，教育部所推出的推免服务系统功不可没。推免生名义上是可以有 3 个选择，但是按照系统设置的程序，推免生如果参加了两个以上招生机构的面试，只有第一个面试机构同意“放人”取消录取，后一个机构才能操作进行录取。为了保险被录取，大多数推免生宁愿“屈就”，而不敢冒险等待第二个机构的面试。也有推免生天真地相信可以自由选择，在本校面试录取后再来参加其他学校的面试，往往不得如愿。所谓“不得自行设置留校限额或名额”，在“推免服务系统”的可靠保障下，成了一纸空文。作者认为在市场化条件下，大学之间围绕生源展开竞争，可以理解。但是，竞争应当是在法律法规允许的范围之内，应当有确定的规则，这才是正当的。无序的恶性竞争，必然增加大学的市场成本，造成整个高等教育系统的紊乱，更会对大学本身形成隐性的创伤。因为大学如果以牺牲学生自主选择的权利来保障生源质量，那实在有违大学所崇尚的自主自由之精神。招生的乱象也显示出当今一些大学的不自信。没有足够的吸引力来留住好学生，只得靠打政策的擦边球、靠搞小动作来达到目的。这么干其实并不明智，生源的多样性不够，大量的近亲繁殖，对学术生态没有好处。作者认为保障学生自主选择的权利，是政府的责任。可是推免生新政，并没有起到应有的政策效果，反而加剧了大学之间生源恶性竞争。这就需要拷问政策的科学性、

合理性[①]。

## 六、一个行动：改进和加强研究生课程建设

教育部办公厅 2014 年 7 月 25 日印发《关于改进和加强研究生课程建设的意见》，就如何更好地发挥课程学习在研究生培养中的作用，提高研究生培养质量，加强研究生课程建设提出了指导性意见。这是教育部第一次专门就研究生课程建设下发文件，对于研究生培养单位加强课程建设将发挥积极的推动作用。

### （一）政策的主要精神

《关于改进和加强研究生课程建设的意见》的主要内容涉及 7 个方面。一是强化研究生培养单位的课程建设责任，培养单位要把课程建设作为学科建设工作的重要组成部分，将课程质量作为评价学科发展质量和衡量人才培养水平的重要指标。二是构建符合培养需要的课程体系，坚持以能力培养为核心、以创新能力培养为重点，拓宽知识基础，培育人文素养，加强不同培养阶段课程体系的整合、衔接，重视课程体系的系统设计和整体优化。三是建立规范、严格的课程审查机制，严格审查新开设课程，建立完善新开设课程申报、审批机制，定期审查已开设课程，保证课程符合培养需要、保持较高质量。四是加强研究生选课管理，重视研究生课程学习计划的制定和审查，形成开放、灵活的选课机制，支持研究生按需、择优选课，扩大研究生的课程选择范围，增加课程选择和修习方式的灵活性。五是改进研究生课程教学，构建研究生课程学习支持体系，为研究生提供个别化的学习咨询和有针对性的课程学习指导，开展各类研究生课程学习交流活动。六是完善课程考核制度，探索建立课程学习综合考核制度，加强考核过程与教学过程的紧密结合，通过考核促进研究生积极学习和教师课程教学的改进提高。七是提高教师教学能力和水平，加大对教师参与课程建设和教学改革的激励与支持。加强师德与师能建设，提升课程教学能力。八是加强课程教学管理与监督，完善课程教学评价监督体系，完善评价反馈机制，及时向教师和相关部门反馈评价结果，提出改进措施，并督促和追踪整改工作。

---

① 庆年 . 推免生的自主权利去哪儿了？［J］复旦教育论坛，2014（06）：1.

### （二）加强课程建设对于质量保证的重要意义

我国学位与研究生教育质量保障的 3 个传统优势是课程学习、论文撰写和导师全程指导。随着研究生教育的发展，尤其是研究生教育目标的不断变迁以及研究生培养与科研的紧密结合，系统的课程学习在研究生培养中的地位和作用不同程度地受到削弱。在此背景下，进一步明确加强研究生课程建设有着重要的现实意义。课程学习是我国学位和研究生教育制度的重要特征，是保障研究生培养质量的必备环节，在研究生成长成才中具有全面、综合和基础性作用。重视课程学习，加强课程建设，提高课程质量，是当前深化研究生教育改革的重要和紧迫任务。《关于改进和加强研究生课程建设的意见》意味着学位与研究生教育政策从宏观领域拓展到微观领域。

**课程建设将成为未来一段时期内我国研究生教育改革与发展的一个重要抓手**

研究生教育要积极应对各种新技术对高等教育的影响与冲击，充分利用大型开放式网络课程（MOOC）等现代教育技术的新成果、微课和翻转课堂等新的教学组织形式、互联网 + 蓬勃发展的机遇，建立相应的体制机制，引导学生自主学习，增强学生的顶峰体验。其中一个重要的方面就是加强课程建设，开展新一轮课程体系与教学内容改革，重点支持建设专业品牌课程；加强专业学位研究生培养案例建设；建立课程及其教学内容的学术审查制度。应当说，课程建设将成为未来一段时期内我国研究生教育改革与发展的一个重要抓手，成为研究生教育质量保证的一个有效举措。应当看到，如果能够形成一批品牌课程，形成一批与这些品牌课程相适应的优质教材，这也将是扩大中国研究生教育国际影响力的一个可选途径。国外一些著名高校之所以研究生教育声誉好，除了其学位与研究生教育项目设计的高质量以外，还在于其开发的一系列品牌课程和优质教材。

## 七、一项评奖：首次学术组织评选学位与研究生教育成果奖

中国学位与研究生教育学会于2014年设立“中国学位与研究生教育学会研究生教育成果奖”，并于当年组织评选。本次评选活动是首次由独立的社会组织评选学位与研究生教育成果奖，这一评选活动是我国学位与研究生教育界发展历程中的具有里程碑的事件，为推动我国社会组织建设，发挥社会组织在教育治理中的作用将发挥出极大的示范、激励、引导作用。

**2014年设立“中国学位与研究生教育学会研究生教育成果奖”评选活动是我国学位与研究生教育界发展历程中的具有里程碑的事件**

### （一）奖项设置的背景

为全面贯彻党和国家的教育方针，充分调动广大教师及教育管理者从事研究生教育工作的积极性、主动性和创造性，鼓励解放思想和教育创新，深化研究生教育改革，促进研究生培养质量的持续提高，中国学位与研究生教育学会于2014年设立“中国学位与研究生教育学会研究生教育成果奖”，以奖励在研究生教育的理论研究与教育教学实践工作中开拓创新、做出突出贡献、取得显著成效的集体和个人。

**中国学位与研究生教育学会研究生教育成果奖评选活动改变了我国高校研究生教育质量评估依赖行政评估的局面**

中国学位与研究生教育学会组织的此次评选是在我国提倡教育改革“管、办、评”分离的大背景下实施的一项重要社会活动。它是我国社会组织主动承接政府转变职能，落实国家取消和下放教育行政审批精神的重要举措，也是社会组织积极参与研究生教育质量评价的具体行动体现。这一评选活动的开展改变了我国高校研究生教育质量评估依赖行政评估的局面，有利于逐步形成社会组织参与

教育评价的机制。对于加快社会组织建设，发挥社会组织在教育中的地位与作用，完善我国高等教育质量保障体系具有重要意义。

### （二）奖项评选的程序

“中国学位与研究生教育学会研究生教育成果奖”主要包括研究生教育理论研究(以下简称“教育研究类”)和研究生教育教学实践(以下简称“教育实践类”)两类。其中,“教育研究类”成果应在研究生教育理论研究中取得理论突破和创新，提出了新观点、新概念、新思想、新方法，针对教育改革发展中的重大现实问题提出具有价值的政策建议和改革方案，受到学术界普遍认同；“教育实践类”成果应在研究生培养模式、质量保障、制度机制改革、教育教学环节等方面取得显著成效，经过教育教学实践检验，得到社会和专家的广泛认可。“中国学位与研究生教育学会研究生教育成果奖”评审过程分形式审查、网络评议、复评答辩、审核批准、公布颁奖等程序。

### （三）首次评选结果

2014 年首届“中国学位与研究生教育学会研究生教育成果奖”共有 247 项成果申请参加评选。根据评选办法，经过形式审查、网络评议、复评答辩、审核批准等程序，2014 年中国学位与研究生教育学会研究生教育成果奖评选共评选出特等奖 1 项，一等奖 10 项，二等奖 30 项，共有 41 项成果获奖。其中，曹雪涛、王全兴、张意、于益芝、田野苹完成的《医学免疫学研究生拔尖创新人才“思行”培养模式的探索与实践》获得特等奖。2014 年 12 月 22 日，中国学位与研究生教育学会成立 20 周年纪念大会在北京召开，大会颁发了 2014 年中国学位与研究生教育学会研究生教育成果奖。

**曹雪涛的《医学免疫学研究生拔尖创新人才“思行”培养模式的探索与实践》获得特等奖**

### （四）奖项评选的社会反响

“中国学位与研究生教育学会研究生教育成果奖”设立和首次评选以来，得到了研究生教育战线的积极响应，部分省级学位办和高等学校将开展研究生教育研究，推动研究生教育改革，获得研究生教育成果奖励，作为工作重点来抓。“中国学位与研究生教育学会研究生教育成果奖”奖项的评选结果产生了广泛的社会反响，国内新闻媒体光明网、《科技日报》等多家新闻网络媒体对本次评选进行了深入报道。各研究生培养单位对本奖项给予了一致认可，浙江大学、中国科学技术大学、天津大学、哈尔滨工业大学、北京理工大学等研究生培养单位都在第一时间对本次评选的意义给及了高度评价。其中，北京理工大学获得“中国学位与研究生教育学会研究生教育成果奖”的事件还被该校评为“2014 年度十大新闻事件”之一。本奖项的设立和评选将有助于营造创新实践、科学探索的良好氛围，进一步激励广大研究生培养单位和教育工作者献身研究生教育事业，大胆探索研究生教育理论，勇于推进研究生教育改革，促进研究生教育质量提升和内涵发展。

**北京理工大学获得“中国学位与研究生教育学会研究生教育成果奖”的事件还被该校评为“2014年度十大新闻事件”之一**

## 八、一位人物：中国学位与研究生教育优秀成果奖特等奖获得者曹雪涛院士

曹雪涛、王全兴、张意、于益芝、田野苹完成的《医学免疫学研究生拔尖创新人才“思行”培养模式的探索与实践》获得 2014 年“中国学位与研究生教育学会研究生教育成果奖”唯一的一个特等奖，曹雪涛应邀于 2014 年 12 月 22 日在中国学位与研究生教育学会成立 20 周年纪念大会上作了题为《立足本土的研究生创新培养的探索与体会》的报告，介绍了自己培养博士和硕士的成功经验。

### （一）人物简介

曹雪涛是著名的免疫学专家，中国工程院院士，现任中国医学科学院院长。曹雪涛院士领衔的第二军医大学免疫学研究所暨医学免疫学国家重点实验室围绕培养青年拔尖创新人才的中心目标，针对当前研究生培养中重量轻质、创造力不强、缺乏开拓性思维及国际大视野的科研文化氛围等问题，在研究生培养中坚

持“四位一体化”的育人理念，形成了要素完备的“思行”教育模式，整体设计、分阶段个性化培养，成功培育了一批优秀免疫学研究生和顶尖的教科研骨干。

### （二）成果介绍

曹雪涛院士组织开展的改革实践的内容集中在5个方面：一是以“思”为先，通过导师启发、大师引导等方式，引导研究生树立“献身事业、追求卓越、严谨求实”的成才信念；通过参加国际学术会议、邀请大师专题报告、课题讨论等手段，积极导向研究生思考前沿科学和重大科学问题。二是以“行”为本，通过实施“夯基计划、攀登计划、登峰计划”，帮助研究生完成第一阶段“兴其趣、壮其志、静其心、奠其基”、第二阶段“练其能、定其位、开其悟、鼓其势”为目标的培养拔尖创新人才的任务。三是“思行合一”，既训练研究生慎思明辨的科研思维能力和开拓创新的科研实践能力，还重点培养其将知识转化为应用的能力。四是锻造师资，着力培养集“教育者、管理者、示范者、引导者、组织者”为一体的精英导师队伍；五是文化育人，强调“科研时间自控、科研方式自选、科研思维自由”，着力营造“和谐”的文化氛围，在研究生中形成良性竞争环境。

曹雪涛院士组织开展的改革实践的创新反映在4个方面：一是成功创立免疫学研究生拔尖创新人才培养体系，成功实现研究生培养方向由“追赶前沿”向“引领前沿”转变；二是首创“两段式”研究生培养“思行”新模式；三是首次提出“五位一体”导师队伍培养新理论。四是确立了“精神引导为根本、知识传授为基础、能力培养为重点、素质锻造为核心”的“四位一体化”的育人理念。

曹雪涛院士组织开展的这一系列的改革实践取得了丰硕的成果。一是培养出一批拔尖创新人才。所培养的研究生中有10人获“全国优秀博士学位论文”，居全国医学院校单学科之首；是研究生获得全国优秀博士学位论文最多的指导教师；所指导的研究生中还有14人获“上海市优秀博士论文”奖、3人获“上海市优秀硕士论文”奖、7人获“全军优秀博士论文”奖、4人获“全军优秀硕士论文”奖。二是所指导的研究生取得了一批创新成果。研究生的自主研究成果在Science、Cell等国际一流杂志发表论文16篇，获得发明专利21项，3名研究生成果被列为中国十大科技进展和中国高校十大科技进展，一项成果进入国家新药三期验证阶段。三是所指导的毕业生研究生已经成长为学术骨干。他培养的研究生在清华大学等单位担任教研室正、副主任共有12人，2人担任国家二级学会的主任和副主任委员；主编本科和研究生规划教材多部。四是发挥了良好的示范作用。已经形成了“人才培养——优秀成果——科技转化——反哺学科”的良性循环，帮带兄弟院校和学科，为浙江大学医学院培养了迄今仅有的2名“全国优秀博士论文”奖获得者，为长海医院中医医院培养1名“全国优秀博士论文”奖获得者，为我国研究生导师做出了表率，为我国研究生培养模式改革提供了丰富经验。

# 第三章　省域研究生教育质量评价

《中央关于全面深化改革若干重大问题的决定》再次强调要扩大省级政府教育统筹权。研究生教育作为高等教育的重要组成部分，省级政府在研究生教育管理中的主体地位越来越重要，已成为研究生教育外部重要的外部质量保障主体。积极开展省域研究生教育质量评价，对于全面客观准确地认识省级之间的研究生教育质量，有效推动研究生教育管理体制改革，发挥省级政府在研究生教育中的重要作用，提高政府决策的科学性和管理的有效性等方面具有重要意义。而教育信息化建设的不断推进，也为开展省域研究生教育评价研究提供了的支撑。本报告从可获取的准确信息出发，对省域研究生教育质量进行了单项评价。需要注意的是，本评价只是从几个层面部分地反映了 2013 年我国 31 个省、自治区、直辖市的研究生教育质量状况。

## 一、省域研究生教育质量评价方案

### （一）评价指标体系的构建原则

省级研究生教育既不同于宏观层次上国家层面的研究生教育水平的评价，也不同于微观层次上对培养单位或单一学科的评价，在设计评价指标时除了要遵循一般原则外，还必须坚持以下 5 个原则。

1. 适用性原则

适用性原则就是要保证评价有利于发挥省级政府发展研究生教育的积极性和主动性，有利于省级政府能够灵活自主、科学有效地开展研究生教育，有利于增强研究生教育为地方经济和社会发展服务，有利于国家整体范围内的研究生教育和谐发展。

2. 有效性原则

省域研究生教育的结构、规模、效益等指标从不同侧面反映了研究生教育的水平，也反映了研究生教育与本区域内社会经济发展的匹配程度。由于省域研究生教育的指标种类繁多，作用各异，所以在指标的选取上要本着有效性原则，针对研究生教育的基本指标进行选取，只要能够揭示出省域研究生教育发展的主要状况即可。

3. 可比性原则

评价的实质就是比较。只有具有可比性的指标，才能够提供准确的比较信息资料，才能够发挥评价指标体系的作用。我国研究生教育存在的省际之间的差异性，决定了评价指标体系的选取既要包含研究生教育质量的核心指标，又要涵盖能够有效体现本省研究生教育发展真实状况的指标，以实现各省之间的研究生教育能够在非均衡下具有可比性；通过省域之间的比较，以求发现研究生教育发展中存在的问题和机会，提出预警机制；能够促进不同省份根据国家发展的长远需要和本省的客观现实有针对性的制定发展战略，实现研究生教育的全面协调可持续发展。

4. 可操作性原则

所谓的可操作性原则，一方面是强调在设计指标时，必须达到每一条都是可以实际测量或观察且信息是易于获得并且可靠的，以获取明确的结论；另一方面是评价者易于实施。所以，在指标体系的构建过程中抓住主要矛盾，选取最能反映评价对象本质特征关键性指标，并适当忽略或删减一些虽然有影响但影响程度不大、次要的或者难以获取信息的指标，以提高评价的科学性、客观性和准确性。

5. 统一性原则

当前，我国省域之间的研究生教育在规模、结构、质量和效益方面等存在着一定的差异。如果据此来设计不同的评价指标，固然可以提高指标的针对性和全面性，但是也加大了评价的难度，增加了评价的成本。因此，省域研究生教育质量评价指标的设计采用统一的一套指标体系，选取能够体现研究生教育质量的一般指标进行评价，避免了对不同省份之间研究生教育质量进行评价和比较的困难。

### （二）评价指标体系的主要内容

积极开展省域研究生教育质量评价，通过构建一套科学合理的研究生教育发展状况评价指标体系，以反映省域之间研究生教育发展的真实状况，不仅可以为省级政府制定研究生教育发展政策提供参考依据，同时有利于国家对研究生教育的统筹规划，促进我国研究生教育的良性健康发展。

省域研究生教育评估指标体系，既要保持研究生教育评估指标体系的精髓，又必须把握省域研究生教育的特点，从战略高度、以长远的眼光和全局的观念把握研究生教育发展与改革的方向，以提高质量为着力点，以提高省级政府发挥研究生教育的积极性、主动性、科学性为目标，重点放在质量规范认同意识和质量保障体系的构建上。

根据相关研究[①]，省域研究生教育评估指标体系包括4个模块：制度、规划、投入和绩效（表3–1），每个模块下都有丰富的评价内容[②]。该指标体系是针对省域研究生教育的特征，从学理上进行的构建，它有效实现了定量评估和定性评估的有效融合。不过，在应用此指标体系对不同省域研究生教育质量进行实证研究时，首先要考虑的就是数据的易获取和数据权威与可靠问题。所以在实测时，必须达到每一个指标都是可以实际测量或观察且指标要求提供的信息是易于获得的。

**表3–1　省域研究生教育质量评价指标体系**

| 模块 | 主要评价内容 |
|---|---|
| 制度 | 制度文本是否完备 |
| | 质量保障体系建设是否完善 |
| | 评价机制是否健全 |
| | 信息公开制度是否成熟 |
| 规划 | 各级各类教育资源配置是否合理 |
| | 研究生教育与经济社会发展是否协调 |
| | 不同层次不同类型的研究生教育结构是否合理 |
| | 重点建设项目的力度 |

① 翟亚军，王战军，李明磊.基于省级的学位与研究生教育评估框架[J].学位与研究生教育，2011(11)：9—13.

② 王战军.学位与研究生教育评价理论与方法[M]. 北京：高等教育出版社，2012：：32.

续表

| 模块 | 主要评价内容 |
| --- | --- |
| 投入 | 省级政府投入总经费与省GDP的比例 |
| | 省级政府投入总经费与国家投入总经费的比例 |
| | 省级政府投入总经费年均增长率与GDP年均增长率之比 |
| | 生均经费年均增长率 |
| 绩效 | 国家级优秀博士学位论文数与授予博士学位数的比例 |
| | 一级学科评价前5名总数与一级学科总数的比例 |
| | 生师比 |
| | 学位授权点平均培养研究生数 |
| | 在校研究生数占全省人口总数比例 |

## 二、省域研究生教育质量若干表征指标排名

考虑到数据的获取和可靠性问题，本研究选取生师比、每万人中在校研究生数、生均科研经费、学科点培养能力 4 个指标对全国 31 个省（区、市）进行排名分析。由于无法区别同一省份内省属高校和部委属高校的相关数据，所以同一省域的所有数据均指本省域内的省属大学和部委属大学的数据之和。由于不同省份部委属高校数量相差巨大，一些数据被稀释的程度可能不同，由此就导致有些排名结果可能与真实状况存在误差，尤其是不能获得不同省域省属高校的比较结果。不过，对某一省域内而言，本结论至少可以提供一个比较的参考。

### （一）生师比排名

生师比指在校研究生数与导师数之比。本报告生师比数据为 2013 年年度数据，数据来自《中国学位与研究生教育发展年度报告（2014）》。

对生师比按照从小到大的顺序进行排列发现，2013 年全国共有 14 个省份的生师比在 4 以下。其中，河南、青海、新疆、海南 4 个省、自治区的生师比均为

3—4。河南省最小，为 3.42。而西藏、湖北、湖南、天津、重庆、辽宁、上海、吉林和四川的生师均大于 6，位列最后。其中四川省最大，为 7.04（表 3–2）。

**河南省的生师比最小，为3.42**

**四川省生师比最大，为7.04**

从生师比排名的区域分布来看，排名前十的省份主要集中分布在我国经济欠发达的西北、中南和西南地区，而经济相对发达省份中仅有山东的生师比排在前十位之内。与之相对应的是，在排名后十位的省份中，上海市、江苏省、辽宁省、四川省、湖北省、湖南省 2013 年 GDP 总量均排在全国前列。

整体而言，全国 31 个省份的生师比数据比较接近，并没有太明显的差距。生师比最大的四川省是最小的河南省的 2.06 倍。从图 3–1 中也可以看出，2013 年各省生师比曲线变动比较平稳，波动进一步减少。

**生师比最大的四川省是最小的河南省的2.06倍**

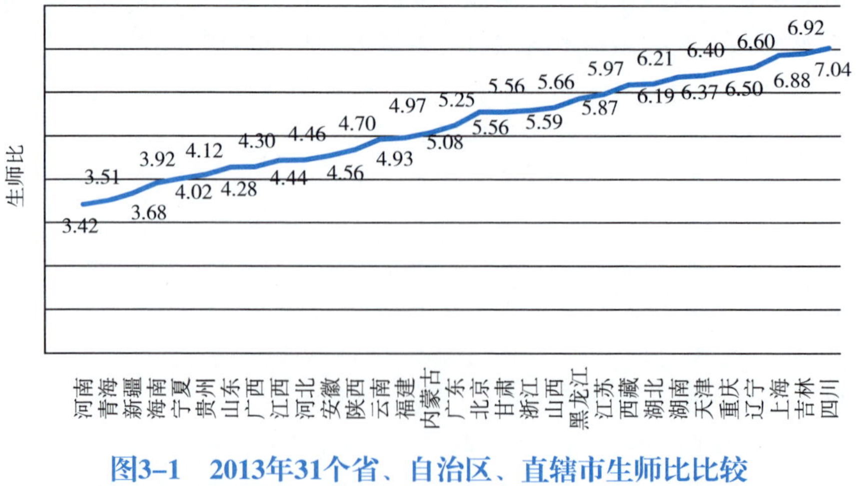


图3–1　2013年31个省、自治区、直辖市生师比比较

生师比与研究生规模并没有较强的正相关或负相关关系。就生师比和在校生

规模来看，研究生教育规模大省并没有在生师比指标上表现出任何优势，生师比较小的省份集中于研究生教育规模较小的省份。以生师比排名为16的广东省为分界点，前15个省份除山东和陕西两省生师比排名高于在校生规模排名外，其余省份生师比排名低于在校生规模排名。而在后15个省份中，除甘肃、山西和西藏以外，其余13个省份生师比排名均高于在校生规模排名。

**山东省是典型的研究生教育规模大省，在校生规模在全国31个省份中排名第9，导师数排名第5**

表3–2显示，在生师比排名前十名的省份中，山东省是典型的研究生教育规模大省，在校生规模在全国31个省份中排名第9，导师数排名第5；除此以外，研究生规模比较大的省份还有河南和河北，在全国居于中等地位。其余8个省份研究生规模均比较小，导师规模和学生规模都居于后10位。从表3–2可以看出，在排名最靠后的10个省份中，除西藏导师数和在校生数都比较小外，江苏、上海、湖北、辽宁、四川、湖南则都是研究生教育大省，吉林、天津则居于中等偏上层次，而重庆则是在校生数处于中等偏上，导师数则中等偏下的位置。

**江苏、上海、湖北、辽宁、四川、湖南则都是研究生教育大省**

表3–2　2013年31个省、自治区、直辖市导师数以及在校生数排名

| 省份 | 导师数/人 | 在校生数/人 | 生师比 | 排名 | |
|---|---|---|---|---|---|
| | | | | 导师数 | 在校生数 |
| 北京 | 48211 | 267987 | 5.56 | 1 | 1 |
| 江苏 | 24440 | 145947 | 5.97 | 2 | 2 |
| 上海 | 19604 | 134794 | 6.88 | 3 | 3 |
| 湖北 | 18159 | 112704 | 6.21 | 4 | 4 |
| 山东 | 17053 | 72962 | 4.28 | 5 | 9 |
| 广东 | 16223 | 85179 | 5.25 | 6 | 8 |

续表

| 省份 | 导师数/人 | 在校生数/人 | 生师比 | 排名 | |
|---|---|---|---|---|---|
| | | | | 导师数 | 在校生数 |
| 陕西 | 14782 | 96544 | 4.70 | 7 | 5 |
| 辽宁 | 14129 | 93189 | 6.60 | 8 | 6 |
| 四川 | 12523 | 88201 | 7.04 | 9 | 7 |
| 黑龙江 | 10612 | 62249 | 5.87 | 10 | 11 |
| 浙江 | 10339 | 57801 | 5.59 | 11 | 12 |
| 湖南 | 10211 | 65007 | 6.37 | 12 | 10 |
| 河南 | 9738 | 33317 | 3.42 | 13 | 19 |
| 吉林 | 8237 | 56978 | 6.92 | 14 | 13 |
| 河北 | 8063 | 37589 | 4.46 | 15 | 17 |
| 安徽 | 8003 | 36506 | 4.56 | 16 | 18 |
| 天津 | 7908 | 50609 | 6.40 | 17 | 14 |
| 福建 | 7687 | 38190 | 4.97 | 18 | 16 |
| 重庆 | 7416 | 48210 | 6.50 | 19 | 15 |
| 云南 | 6211 | 30595 | 4.93 | 20 | 20 |
| 江西 | 5928 | 26330 | 4.44 | 21 | 23 |
| 广西 | 5790 | 24905 | 4.30 | 22 | 24 |
| 甘肃 | 5290 | 29412 | 5.56 | 23 | 21 |
| 山西 | 4853 | 27473 | 5.66 | 24 | 22 |
| 新疆 | 4587 | 16867 | 3.68 | 25 | 26 |
| 贵州 | 3409 | 14057 | 4.12 | 26 | 27 |
| 内蒙古 | 3326 | 16897 | 5.08 | 27 | 25 |
| 海南 | 1009 | 3959 | 3.92 | 28 | 29 |
| 宁夏 | 997 | 4012 | 4.02 | 29 | 28 |

续表

| 省份 | 导师数/人 | 在校生数/人 | 生师比 | 排名 | |
|---|---|---|---|---|---|
| | | | | 导师数 | 在校生数 |
| 青海 | 876 | 3074 | 3.51 | 30 | 30 |
| 西藏 | 201 | 1244 | 6.19 | 31 | 31 |

备注：生师比数字采取四舍五入保留两位小数的计算方法。

### （二）每万人在校生数排名

每万人在校生数指在校研究生数与本省总人口数的比例。在校生数和常住人口数均为2013年数据。其中，常住人口数来源于国家统计局网站公布的2013年数据。

**北京市排名第1，每万人在校生人数为126.7，比第2名的上海市高出一倍还多**

依照每万人在校生数从多到少的顺序排列，北京、上海、天津、陕西、辽宁、吉林、湖北、江苏、黑龙江、重庆等省、直辖市位居前列。其中，北京排名第1，每万人在校生人数为126.7，比第2名的上海市高出一倍还多。而宁夏、安徽、江西、青海、广西、河北、海南、贵州、西藏、河南等省、自治区位于后十位。其中，河南最少，仅有3.54人（表3-3）。

**河南最少，每万人在校生数仅有3.54人**

从区域分布来看，东北地区3个省均排在前10位，华北和华东地区分别有两个省，西南、中南和西北则分别仅有一个省份排在前10位。排在11-21名的省份中，华东地区占3个省，华北、西南、中南、西北则分别有两个省。而排在后十位的省份中，中南地区分布省份最多为3个省，华东、西南和西北分别有两个省排在后10位，华北地区仅有河北省排在第27位。

常住人口数、在校生数以及每万人中在校研究生数在不同省份之间均存在显著差异（表 3–3）。计算结果显示（图 3–2），常住人口数最多的广东是常住人口数最少的西藏的 34.12 倍、在校生数总数中最高值与最低值之比达到 215.42，每万人中在校研究生数最低的西藏与最高值的北京则相差 35.79 倍。

**表3–3　2013年31个省、自治区、直辖市在校生总数及每万人在校生数排名**

| 省　份 | 常住人口数/万人 | 在校生总数/人 | 每万人在校生数 | 排名 | |
|---|---|---|---|---|---|
| | | | | 在校生总数 | 每万人在校生数 |
| 北　京 | 2115 | 267987 | 126.70 | 1 | 1 |
| 上　海 | 2415 | 134794 | 55.82 | 3 | 2 |
| 天　津 | 1472 | 50609 | 34.38 | 14 | 3 |
| 陕　西 | 3764 | 96544 | 25.65 | 5 | 4 |
| 辽　宁 | 4390 | 93189 | 21.23 | 6 | 5 |
| 吉　林 | 2751 | 56978 | 20.71 | 13 | 6 |
| 湖　北 | 5799 | 112704 | 19.44 | 4 | 7 |
| 江　苏 | 7939 | 145947 | 18.38 | 2 | 8 |
| 黑龙江 | 3835 | 62249 | 16.23 | 11 | 9 |
| 重　庆 | 2970 | 48210 | 16.23 | 15 | 10 |
| 甘　肃 | 2582 | 29412 | 11.39 | 21 | 11 |
| 四　川 | 8107 | 88201 | 10.88 | 7 | 12 |
| 浙　江 | 5498 | 57801 | 10.51 | 12 | 13 |
| 福　建 | 3774 | 38190 | 10.12 | 16 | 14 |
| 湖　南 | 6691 | 65007 | 9.72 | 10 | 15 |
| 广　东 | 10644 | 85179 | 8.00 | 8 | 16 |
| 山　西 | 3630 | 27473 | 7.57 | 22 | 17 |
| 山　东 | 9733 | 72962 | 7.50 | 9 | 18 |
| 新　疆 | 2264 | 16867 | 7.45 | 26 | 19 |

续表

| 省　份 | 常住人口数/万人 | 在校生总数/人 | 每万人在校生数 | 排名 | |
|---|---|---|---|---|---|
| | | | | 在校生总数 | 每万人在校生数 |
| 内蒙古 | 2498 | 16897 | 6.80 | 25 | 20 |
| 云　南 | 4687 | 30595 | 6.53 | 20 | 21 |
| 宁　夏 | 654 | 4012 | 6.13 | 28 | 22 |
| 安　徽 | 6030 | 36506 | 6.05 | 18 | 23 |
| 江　西 | 4522 | 26330 | 5.82 | 23 | 24 |
| 青　海 | 578 | 3074 | 5.32 | 30 | 25 |
| 广　西 | 4719 | 24905 | 5.28 | 24 | 26 |
| 河　北 | 7333 | 37589 | 5.13 | 17 | 27 |
| 海　南 | 895 | 3959 | 4.42 | 29 | 28 |
| 贵　州 | 3502 | 14057 | 4.01 | 27 | 29 |
| 西　藏 | 312 | 1244 | 3.99 | 31 | 30 |
| 河　南 | 9413 | 33317 | 3.54 | 19 | 31 |

备注：每万人在校生数的数字采取四舍五入保留两位小数的计算方法

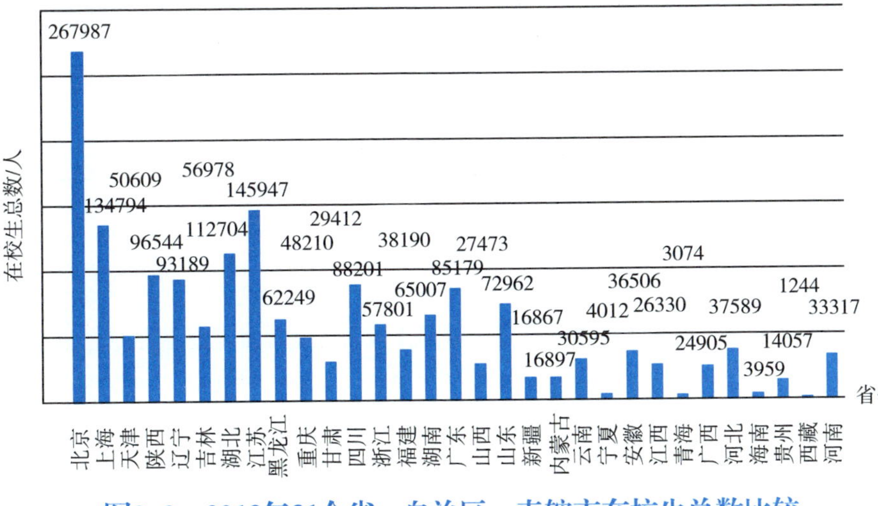


**图3–2　2013年31个省、自治区、直辖市在校生总数比较**

进一步研究发现,2013 年全国 31 省在每万人校生数存在显著差异(图 3–2)。其中，北京市最多，约为 126.7 人；河南省最少，仅有 3.54 人，北京每万人校生数约是河南的 35.79 倍。这种差距在排名较前的省份中也较为明显，排名第一位的北京是排名第二的上海市的 2.27 倍；而排名第 2 位的上海是排名第 3 位的天津的 1.62 倍。从第 4 名开始，波动趋于平缓（图 3–3）。

**北京每万人校生数约是河南的35.79倍**

**北京市在全国31省中继续排在第1名，且每万人在校生数增加12.2人，增幅明显**

与 2012 年每万人在校生数的数据对比发现，2013 年全国 31 个省、自治区、直辖市每万人在校生数的排名虽未发生较大变化，但每万人在校生数均有所增加。其中北京市在全国 31 省中继续排在第 1 名，且每万人在校生数增加 12.2 人，增幅明显。而河南则仍然排在第 31 名，每万人在校生数也仅仅增加 1.04 人。

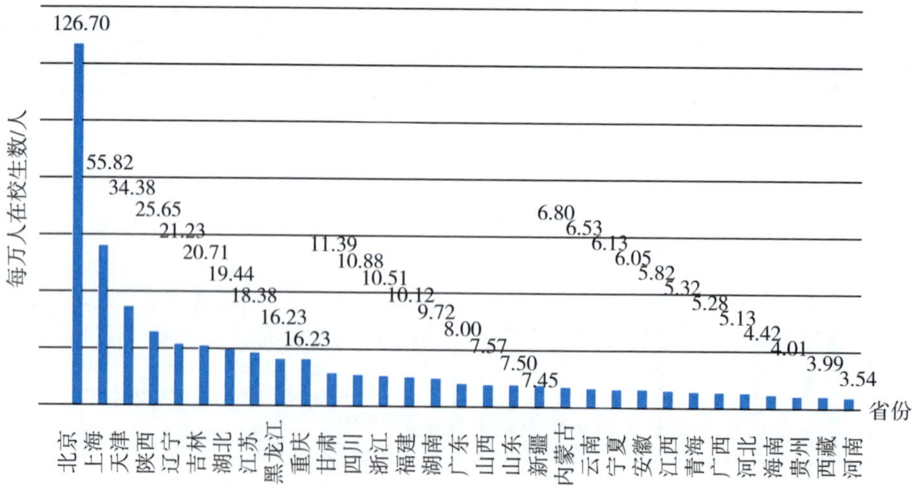


图3–3　2013年31个省、自治区、直辖市每万人在校生数比较

### （三）生均科研经费排名

生均科研经费指科研经费数与在校生数的比例。下面结合各省 2013 年 GDP 的数据来说明各省投入力度的大小。在校生数、GDP 和科研经费数均为 2013 年数据。科研经费数据来源于《2014 年高等学校科技统计资料汇编》，GDP 数据来源于国家统计局官方网站。

**浙江位居全国首位，生均科研经费达到69.04千元**

表 3–4 显示，2013 年生均科研经费排名前 10 位的省份是浙江、天津、北京、黑龙江、江苏、四川、上海、广东、安徽和辽宁。其中，浙江位居全国首位，生均科研经费达到 69.04 千元。而排在后 10 位的省份则分别是：宁夏、贵州、吉林、广西、河北、内蒙古、青海、新疆、云南和甘肃。其中，甘肃生均科研经费 21.03 千元，仅为浙江的 30.46%。进一步研究发现，2013 年排名前 10 位的省份生均科研经费占全国总数的 45.49%。而后 10 位生均科研经费仅占全国总数的 20.55%。

**甘肃生均科研经费21.03千元，仅为浙江的30.46%**

排名前 10 位省份生均科研经费在这 10 个省份中，既有 GDP 较高的省份，如广东、江苏、浙江、辽宁和四川，也有 GDP 相对较低的省份，如天津、黑龙江等省。在生均科研经费排名后 10 位的省份中，除河北和内蒙古GDP较高以外，其余 8 个省无一例外的 GDP 都相对较小。表 3–4 同时显示出，排名后 10 位的省份，不仅 GDP 总量仅为前 10 位的 37.01%，而且科研经费占 GDP 的比例也比排名前 10 的省份要低许多。

从分布特点看，生均科研经费排名前 10 位的省份，集中分布在东部的华东、华北、华东地区。西部地区仅有四川排在第 6 名。而后 10 位则主要分布在西部的西南和西北地区。

表3-4　2013年31个省、自治区、直辖市生均科研经费、GDP及科研经费/GDP排名

| 省　份 | 生均科研经费/千元 | GDP/亿元 | 科研经费/GDP/% | 排名 | | |
|---|---|---|---|---|---|---|
| | | | | 生均科研经费 | GDP | 科研经费/GDP |
| 浙　江 | 69.04 | 37756.58 | 1.06 | 1 | 4 | 14 |
| 天　津 | 63.57 | 14442.01 | 2.23 | 2 | 19 | 6 |
| 北　京 | 58.87 | 19800.81 | 7.97 | 3 | 13 | 1 |
| 黑龙江 | 56.65 | 14454.91 | 2.44 | 4 | 17 | 5 |
| 江　苏 | 51.15 | 59753.37 | 1.25 | 5 | 2 | 10 |
| 四　川 | 50.28 | 26392.07 | 1.68 | 6 | 8 | 8 |
| 上　海 | 47.86 | 21818.15 | 2.96 | 7 | 12 | 3 |
| 广　东 | 45.95 | 62474.79 | 0.63 | 8 | 1 | 18 |
| 安　徽 | 45.18 | 19229.34 | 1.09 | 9 | 14 | 12 |
| 辽　宁 | 44.94 | 27213.22 | 1.54 | 10 | 7 | 9 |
| 河　南 | 44.22 | 32191.30 | 0.43 | 11 | 5 | 26 |
| 陕　西 | 43.66 | 16205.45 | 2.6 | 12 | 16 | 4 |
| 山　东 | 42.58 | 55230.32 | 0.56 | 13 | 3 | 21 |
| 湖　北 | 41.01 | 24791.83 | 1.86 | 14 | 9 | 7 |
| 江　西 | 37.14 | 14410.19 | 0.68 | 15 | 20 | 17 |
| 湖　南 | 35.53 | 24621.67 | 0.94 | 16 | 10 | 16 |
| 福　建 | 33.4 | 21868.49 | 0.58 | 17 | 11 | 20 |
| 海　南 | 32.23 | 3177.56 | 0.4 | 18 | 28 | 28 |
| 西　藏 | 30.97 | 815.67 | 0.47 | 19 | 31 | 23 |
| 重　庆 | 28.77 | 12783.26 | 1.08 | 20 | 22 | 13 |
| 山　西 | 28.69 | 12665.25 | 0.62 | 21 | 23 | 19 |
| 宁　夏 | 28.48 | 2577.57 | 0.44 | 22 | 29 | 24 |
| 贵　州 | 28.07 | 8086.86 | 4.88 | 23 | 26 | 2 |
| 吉　林 | 27.47 | 13046.40 | 1.2 | 24 | 21 | 11 |
| 广　西 | 23.48 | 14449.90 | 0.41 | 25 | 18 | 27 |

续表

| 省　份 | 生均科研经费/千元 | GDP/亿元 | 科研经费/GDP/% | 排名 | | |
|---|---|---|---|---|---|---|
| | | | | 生均科研经费 | GDP | 科研经费/GDP |
| 河　北 | 23.2 | 28442.95 | 0.31 | 26 | 6 | 30 |
| 内蒙古 | 23.13 | 16916.50 | 0.23 | 27 | 15 | 31 |
| 青　海 | 22.66 | 2122.06 | 0.33 | 28 | 30 | 29 |
| 新　疆 | 21.93 | 8443.84 | 0.44 | 29 | 25 | 25 |
| 云　南 | 21.55 | 11832.31 | 0.56 | 30 | 24 | 22 |
| 甘　肃 | 21.03 | 6330.69 | 0.98 | 31 | 27 | 15 |

备注：生均科研经费、科研经费 /GDP 的数字采取四舍五入保留两位小数的计算方法

**河北省，2013年GDP总量在全国排名第6名，但是科研经费的投入却排在全国第30名**

图 3-4 显示，山东、广东、河南、河北等省作为 GDP 大省，其科研经费的投入力度明显偏低。特别是河北省，2013 年 GDP 总量在全国排名第 6 名，但是科研经费的投入却排在全国第 30 名。与之相反，天津、北京、黑龙江、陕西等

图3-4　2013年31个省、自治区、直辖市生均科研经费比较

省、直辖市的GDP不占绝对优势，但是科研经费投入力度很大，所以生均科研经费均较高。

广东、江苏、浙江等省作为经济大省，GDP较大，所以即使科研经费投入占GDP比例并不高，但仍能够保证生均科研经费在全国名列前茅。虽然贵州、吉林、重庆相对投入也比较高，但是由于GDP较低以及在校生规模较大，所以生均科研经费也比较低。特别是贵州，虽然GDP较小，但是其科研经费投入所占比重全国排名为第2名。而青海、新疆和云南等省生均科研经费、GDP等排名都比较靠后。

### （四）学科点培养能力排名

学科点培养能力指在校生人数与学科点数的比例。此处学科点分博士学科点和硕士学科点两级，博士学科点培养能力指在校博士生数与博士一级授权学位点数的比例，硕士学科点培养能力指在校硕士生数与一级硕士学科点数的比例。本报告中按现有数据，从博士学科点培养能力、硕士学科点培养能力、专业博士学位点培养能力3个方面进行分析。本部分所有数据年度均为2013年，数据来源于《中国学位与研究生教育发展年度报告（2014）》。

**北京最高，每个一级博士学位点约培养137.44名博士生**

1. 博士一级学科点培养能力

2013年全国31省、自治区、直辖市博士学科点培养能力最强的十个省份分别为：北京、上海、湖北、浙江、四川、辽宁、吉林、黑龙江、广东、天津。在排名前十位的省、直辖市中，除天津培养能力为94.28人，其余9个省份的培养能力均超过100人，尤其北京最高，每个一级博士学位点约培养137.44名博士生。而2013年博士学科点培养能力最弱的10个省份分别为：内蒙古、河北、广西、江西、青海、贵州、河南、海南、宁夏和西藏。其中，西藏最低，约为5人。2013年31个省、自治区、直辖市在校博士生数/博士学位点数以及排名见表3-5。

**一级博士学位点的培养能力西藏最低，约为5人**

从区域分布上看，排名前10位的省份主要集中在东北地区、华北地区、华东地区、中南地区和西南地区。其中，东北地区三省全部排在前10位，而与之相反的是，西北地区则未有一个省份排在前10位。而排在后10位的省份中，中南地区省份最多，有3个省，华北、西北、西南地区分别有2个省，华东地区有1个省。

表3-5　2013年　31个省、自治区、直辖市在校博士生数/博士学位点数排名

| 省　份 | 在校博士生数 | 博士学位点数 | 在校生/学位点数 | 排名 | |
|---|---|---|---|---|---|
| | | | | 学位点数 | 在校生/学位点数 |
| 北　京 | 72154 | 525 | 137.44 | 1 | 1 |
| 上　海 | 28836 | 211 | 136.66 | 3 | 2 |
| 湖　北 | 22364 | 180 | 124.24 | 4 | 3 |
| 浙　江 | 10038 | 83 | 120.94 | 14 | 4 |
| 四　川 | 13405 | 115 | 116.57 | 9 | 5 |
| 辽　宁 | 13848 | 119 | 116.37 | 8 | 6 |
| 吉　林 | 10345 | 91 | 113.68 | 12 | 7 |
| 黑龙江 | 10570 | 95 | 111.26 | 11 | 8 |
| 广　东 | 14350 | 139 | 103.24 | 6 | 9 |
| 天　津 | 8014 | 85 | 94.28 | 13 | 10 |
| 陕　西 | 16657 | 179 | 93.06 | 5 | 11 |
| 江　苏 | 25091 | 278 | 90.26 | 2 | 12 |
| 甘　肃 | 3746 | 45 | 83.24 | 21 | 13 |
| 湖　南 | 10553 | 128 | 82.45 | 7 | 14 |
| 重　庆 | 5435 | 71 | 76.55 | 17 | 15 |
| 云　南 | 2562 | 34 | 75.35 | 22 | 16 |
| 山　东 | 8495 | 115 | 73.87 | 10 | 17 |
| 安　徽 | 5394 | 77 | 70.05 | 16 | 18 |
| 福　建 | 5205 | 79 | 65.89 | 15 | 19 |

续表

| 省份 | 在校博士生数 | 博士学位点数 | 在校生/学位点数 | 排名 | |
|---|---|---|---|---|---|
| | | | | 学位点数 | 在校生/学位点数 |
| 山西 | 2315 | 46 | 50.33 | 20 | 20 |
| 新疆 | 1129 | 24 | 47.04 | 25 | 21 |
| 内蒙古 | 1102 | 25 | 44.08 | 23 | 22 |
| 河北 | 2337 | 58 | 40.29 | 19 | 23 |
| 广西 | 831 | 22 | 37.77 | 26 | 24 |
| 江西 | 920 | 25 | 36.80 | 24 | 25 |
| 青海 | 135 | 4 | 33.75 | 30 | 26 |
| 贵州 | 340 | 14 | 24.29 | 27 | 27 |
| 河南 | 1380 | 59 | 23.39 | 18 | 28 |
| 海南 | 174 | 9 | 19.33 | 28 | 29 |
| 宁夏 | 88 | 8 | 11.00 | 29 | 30 |
| 西藏 | 15 | 3 | 5.00 | 31 | 31 |

备注：在校生数 / 学位点数的数字采取四舍五入保留两位小数的计算方法

图 3-5 显示，2013 年北京、上海、湖北等省、市一级博士学位点规模较大，学科点培养能力进一步明显较强；浙江、四川、辽宁、吉林、黑龙江等省一级博士学位点规模较排名明显低于其学科点培养能力排名；而天津、甘肃、重庆、云南等省、市学科点规模排名则高于其培养能力排名。而江苏、陕西、广东和湖南的培养能力明显较低，与其拥有的学科点数量不匹配。另外，培养能力排名在前 16 位的省份，除天津、重庆、云南、甘肃在校生博士生人数在 10000 人以下，其余学科培养能力较强省份都为研究生教育大省；而学科培养能力较弱省份仅有河北、内蒙古和河南在校博士生人数在 1000 人以上，其余均为博士研究生教育规模相对薄弱省份。

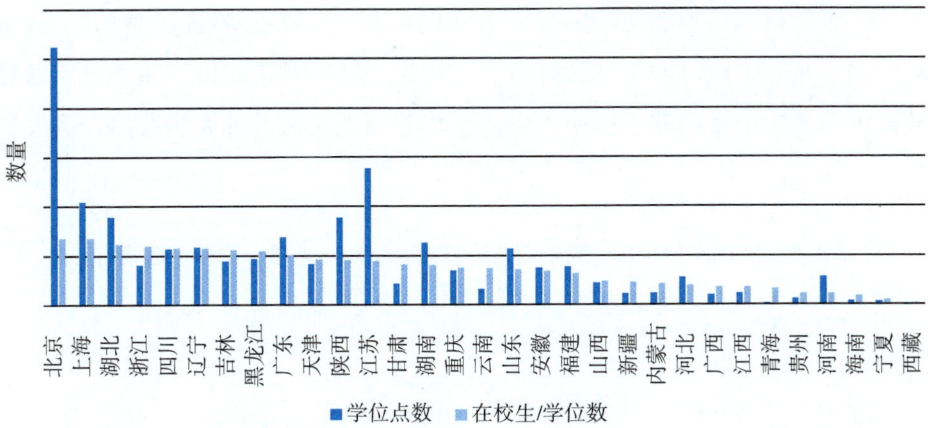


**图3–5 2013年31个省、自治区、直辖市博士点培养能力比较**

**降幅最大的为青海，下降18个名次**

与2012年数据比较发现，2013年有青海、云南、辽宁、江西6个省的博士学科点培养能力下降。其中，降幅最大的为青海，下降18个名次；其次是云南，下降4个名次。而四川、黑龙江、广东、陕西、江苏等16省学科点培养能力有所增加，但增幅均较少。

**上海最高，每个一级硕士点约培养460.69名硕士生**

2. 硕士一级学科点培养能力

2013年省域硕士一级学科点培养能力排名前十位的省份分别是上海、湖北、四川、北京、广东、重庆、吉林、江苏、福建和湖南。其中，上海最高，每个一级硕士点约培养460.69名硕士生。而硕士一级学科点培养能力比较薄弱的10个省份则分别是贵州、新疆、河北、内蒙古、江西、河南、海南、宁夏、青海和西藏。其中，西藏最低，仅为102.42名。2013年，排在第1名的上海市硕士一级学科培养能力约是西藏的4.5倍（表3–6）。

**西藏最低，每个一级硕士点每年培养硕士仅为102.42名**

从一级学科点培养能力的区域分布特点来看，学科点培养能力较强的省份主要集中在华东、中南、西南三大区域，且均为经济较发达省份。而学科点培养能力较弱的主要集中在西北、西南、中南、华北四大区域，且大多数为经济欠发达省份。

表3–6　2013年31个省、自治区、直辖市在校硕士生/硕士学位点数及排名

| 省份 | 在校生数 | 学位点数 | 在校生/学位数 | 排名 | |
|---|---|---|---|---|---|
| | | | | 学位点数 | 在校生/学位数 |
| 上海 | 105958 | 230 | 460.69 | 8 | 1 |
| 湖北 | 90340 | 300 | 376.42 | 5 | 2 |
| 四川 | 74796 | 219 | 341.53 | 9 | 3 |
| 北京 | 195833 | 582 | 336.48 | 1 | 4 |
| 广东 | 70829 | 214 | 330.98 | 10 | 5 |
| 重庆 | 42775 | 142 | 301.23 | 19 | 6 |
| 吉林 | 46633 | 158 | 295.15 | 17 | 7 |
| 江苏 | 120856 | 419 | 288.44 | 2 | 8 |
| 湖南 | 54454 | 195 | 279.25 | 13 | 9 |
| 福建 | 32985 | 119 | 277.18 | 21 | 10 |
| 陕西 | 79887 | 294 | 271.72 | 6 | 11 |
| 天津 | 42595 | 158 | 269.59 | 18 | 12 |
| 浙江 | 47763 | 181 | 263.88 | 14 | 13 |
| 黑龙江 | 51679 | 201 | 257.11 | 11 | 14 |
| 安徽 | 41112 | 169 | 243.27 | 16 | 15 |
| 辽宁 | 79341 | 322 | 238.98 | 4 | 16 |
| 山西 | 25158 | 106 | 237.34 | 24 | 17 |
| 甘肃 | 25666 | 113 | 227.13 | 23 | 18 |
| 云南 | 28033 | 133 | 210.77 | 20 | 19 |
| 广西 | 24074 | 115 | 209.34 | 22 | 20 |

续表

| 省　份 | 在校生数 | 学位点数 | 在校生/学位数 | 排名 | |
|---|---|---|---|---|---|
| | | | | 学位点数 | 在校生/学位数 |
| 山　东 | 64467 | 328 | 196.55 | 3 | 21 |
| 贵　州 | 13717 | 75 | 182.89 | 27 | 22 |
| 新　疆 | 15738 | 87 | 180.90 | 26 | 23 |
| 河　北 | 35252 | 196 | 179.86 | 12 | 24 |
| 内蒙古 | 15795 | 101 | 156.39 | 25 | 25 |
| 江　西 | 25410 | 177 | 143.56 | 15 | 26 |
| 河　南 | 31937 | 240 | 133.07 | 7 | 27 |
| 海　南 | 3785 | 29 | 130.52 | 29 | 28 |
| 宁　夏 | 3924 | 32 | 122.63 | 28 | 29 |
| 青　海 | 2939 | 27 | 108.86 | 30 | 30 |
| 西　藏 | 1229 | 12 | 102.42 | 31 | 31 |

备注：在校生数 / 学位点数的数字采取四舍五入保留两位小数的计算方法

图3-7显示，硕士一级学科点数排名在前10位的北京、江苏、湖北、上海、四川，学科点培养能力也明显较强；广东、重庆、吉林、湖南、福建省、直辖市一级硕士学位点规模较排名明显低于其学科点培养能力排名；山东、辽宁、陕西、河南、河北、江西等省份学科点规模排名则明显高于其培养能力排名。而学科点规模较小的内蒙古、海南、宁夏、青海、西藏，硕士培养能力也显著不足。

2013 年，一级硕士学科点数排名前 10 位的省份分别为北京、江苏、山东、辽宁、湖北、陕西、河南、上海、四川和广东。其中，北京一级硕士学科点数量最多，达到 582 个。而排名后 10 位的省份则分别为：广西、甘肃、山西、内蒙古、新疆、贵州、宁夏、海南、青海和西藏。西藏的一级硕士学科点数量最少，仅有 12 个，与数量最多的北京相比，二者相差 19.17 倍。

比较发现，一级硕士学位点数排名前 10 位省份拥有学位点的数量占全国一级硕士点总数的 55.48%。而排名后 10 位的省份学位点数仅占全国一级硕士学位点总数的 12.28%。

从学位点的分布区域上看，硕士一级学科点数排名在前 10 位的省份主要集中于中南、华东两大地区中经济发达省份。其中，有广东、江苏、山东等 7 个省份 2013 年 GDP 排名全国前 10 位。仅有陕西，学位点数排名全国第 6 位，而 GDP 排在中等位置。而与之相对的是，一级学位点数量排名后 10 位的省份，除内蒙古、广西和山西 2013 年 GDP 排在全国中等位置外，其余省份均排在最后。

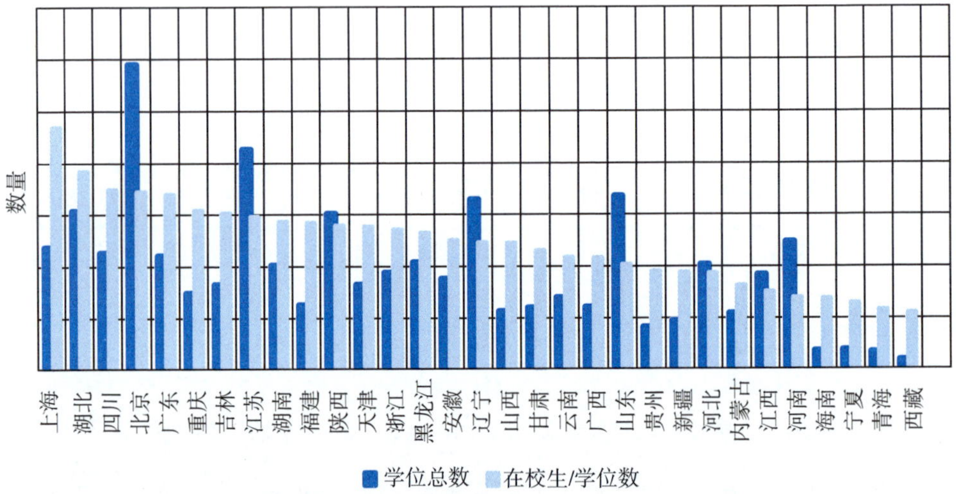


**图3-6　2013年31个省、自治区、直辖市硕士点培养能力排名对比**

对比图 3-5 和图 3-6 可以发现，从全国来看，博士点培养能力与学位点规模的排名与硕士点培养能力与学位点规模的排名相比更加接近一些。其中，北京、浙江、辽宁、黑龙江、甘肃等省、直辖市博士点培养能力的排名明显高于其硕士点培养能力的排名；广东、江苏、湖南、重庆等省份则正好相反。而江西、青海、新疆、河南、贵州、海南、宁夏、西藏等省、自治区不论是博士点还是硕士点，其培养能力在全国都比较低。

3. 博士专业学位学科点培养能力

关于博士专业学位学科点培养能力，本研究根据获取数据的可靠性出发，仅选取 2013 年博士专业学位中各省的招生人数和专业学位点数的相关数据。数据显示，2013 年，全国 31 个省、自治区、直辖市共有博士专业学位点 108 个，19

个省份招生 1711 人。而包括安徽、河北、河南等共有 12 个省份在 2013 年未招收攻读博士专业学位的学生。依据招生数/学位点数的方法，2013 年全国 31 个省、自治区、直辖市博士专业学位点培养能力排名前 5 位的分别是：湖南、四川、广东、浙江和北京。其中，湖南最高，每个学位点约培养 39.25 名博士生。排名最低的 5 个省、直辖市则分别是：黑龙江、重庆、江苏、江西和吉林。其中，吉林最低，仅为 1.6 个。湖南学位点培养能力是吉林的 24.53 倍。31 个省、自治区、直辖市博士专业学位点数、招生人数 / 学位点数排名见表 3–7。

**湖南最高，每个学位点约培养39.25名博士生**

**吉林最低，每个学位点仅培养1.6博士生**

从学科点培养能力的分布区域分析，2013 年招生博士专业学位的 19 省份集中分布在东北地区、华东地区和中南地区。其中，华东地区的省份最多，达到 6 个省；其次是东北和中南地区，分别为 3 个省。最少的是西南地区，仅有四川一个省份在 2013 年招生博士专业学位学生。

**表3–7　2013年31个省、自治区、直辖市博士专业学位点数、招生数/学位点数排名**

| 省　份 | 招生数 | 学位点数 | 招生数/学位点数 | 排名 | |
|---|---|---|---|---|---|
| | | | | 学位点数 | 招生数/学位点数 |
| 湖　南 | 157 | 4 | 39.25 | 11 | 1 |
| 四　川 | 162 | 5 | 32.40 | 8 | 2 |
| 广　东 | 211 | 8 | 26.38 | 4 | 3 |
| 浙　江 | 131 | 5 | 26.20 | 9 | 4 |
| 北　京 | 409 | 17 | 24.06 | 1 | 5 |
| 辽　宁 | 70 | 3 | 23.33 | 14 | 6 |
| 天　津 | 62 | 3 | 20.67 | 15 | 7 |
| 陕　西 | 92 | 6 | 15.33 | 6 | 8 |

续表

| 省份 | 招生数 | 学位点数 | 招生数/学位点数 | 排名 | |
|---|---|---|---|---|---|
| | | | | 学位点数 | 招生数/学位点数 |
| 上海 | 136 | 11 | 12.36 | 2 | 9 |
| 山东 | 69 | 6 | 11.50 | 7 | 10 |
| 湖北 | 80 | 7 | 11.43 | 5 | 11 |
| 福建 | 10 | 1 | 10.00 | 18 | 12 |
| 甘肃 | 24 | 3 | 8.00 | 16 | 13 |
| 广西 | 7 | 1 | 7.00 | 19 | 14 |
| 黑龙江 | 24 | 4 | 6.00 | 12 | 15 |
| 重庆 | 21 | 4 | 5.25 | 13 | 16 |
| 江苏 | 36 | 9 | 4.00 | 3 | 17 |
| 江西 | 2 | 1 | 2.00 | 20 | 18 |
| 吉林 | 8 | 5 | 1.60 | 10 | 19 |
| 安徽 | 0 | 2 | 0.00 | 17 | 20 |
| 河北 | 0 | 1 | 0.00 | 21 | 21 |
| 河南 | 0 | 1 | 0.00 | 22 | 22 |
| 新疆 | 0 | 1 | 0.00 | 23 | 23 |
| 山西 | 0 | 0 | 0.00 | 24 | 24 |
| 内蒙古 | 0 | 0 | 0.00 | 25 | 25 |
| 海南 | 0 | 0 | 0.00 | 26 | 26 |
| 贵州 | 0 | 0 | 0.00 | 27 | 27 |
| 云南 | 0 | 0 | 0.00 | 28 | 28 |
| 西藏 | 0 | 0 | 0.00 | 29 | 29 |
| 青海 | 0 | 0 | 0.00 | 30 | 30 |
| 宁夏 | 0 | 0 | 0.00 | 31 | 31 |

备注：招生数 / 学位点数的数字采取四舍五入保留两位小数的计算方法

图 3-7 显示，北京、广东、湖北等省、直辖市的博士专业学位点规模较大，其学科点培养能力也较强；而江苏、上海、湖北等省、直辖市的博士专业学位点规模较排名明显低于其学科点培养能力排名；湖南、辽宁、天津的学科点培养能力明显高于学位点规模；而江西等省份学科点规模位小其培养能力也较低。

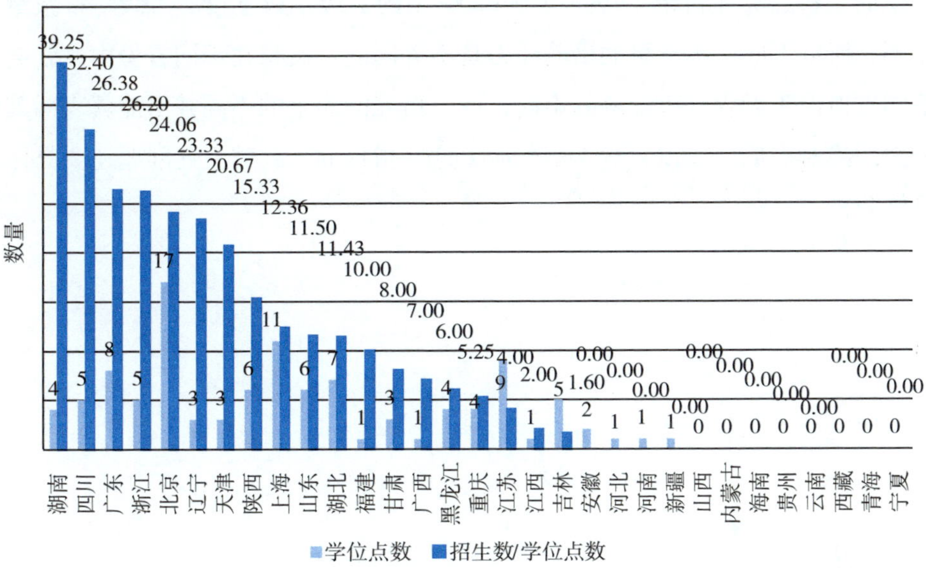


图3-7　2013年31个省、自治区、直辖市博士专业学位点培养能力排名对比

对比图 3-5 与图 3-7 发现，博士学位点培养能力前 10 位的省份仅有湖南、陕西和山东 3 个省进入博士专业学点培养能力的前 10 位。博士学位点培养能力排名前 3 位的省份为北京、上海和湖北，在博士专业学点培养能力中仅分别排在第 5 位、第 9 位和第 11 位。而在博士专业学位点排名前 3 位的湖南、四川和广东，在博士学位点培养能力中仅分别排在第 14 位、第 5 位、第 9 位。较之于在博士学位点培养能力的排名，2013 年专业学位点培养能力排名提高的省份有 7 个：四川、广东、天津、陕西、湖南、山东和福建。其中，湖南由博士学位点培养能力的第 14 位，跃居专业学点培养能力的第 1 位。排名未发生变化的共有 3 个省：浙江、辽宁、甘肃。排名下降的包括北京、上海、湖北、吉林、黑龙江、江苏、重庆 7 个省、直辖市。其中，下降最多的是吉林，下降 12 个名次。

总之，在进行培养能力排名时，首先要注意的是，培养能力属于非线性指标，在一定的区间内，培养能力属于鼓励型增长指标。但超出一定的区间范围，学位点培养人数太多，培养质量可能就会受到影响；而培养人数太小，又会造成培养资源的浪费。其次，由于《学位授予和人才培养学科目录（2011年）》2011年才开始施行，之前一直按照《授予博士、硕士学位和培养研究生的学科、专业目录（1997年颁布）》进行授权和研究生培养，而《授予博士、硕士学位和培养研究生的学科、专业目录（1997年颁布）》中的一级学科下设的二级学科数量并不相同，所以不同一级学科的培养能力是不等同的。反映在不同省份中，就会出现不同省份由于涵盖一级学科的不同，所以培养能力上的不同并不能就表明其培养能力的绝对高低。所以，对于培养能力这一指标而言，就上述问题还要具体问题具体分析。

# 第四章　研究生满意度调查

研究生教育质量从本质上来说指的是研究生教育对国家、社会以及学生等不同主体需求的满足程度。因此，研究生教育各相关主体对研究生教育的满意度是衡量研究生教育质量的重要维度。研究生既是研究生教育的对象，也是研究生教育的主体，他们对研究生教育的满意度是研究生教育满意度中的核心部分。开展研究生满意度调查，不仅能较为有效地获知研究生满意度信息，了解研究生教育的基本状况，并且对于相关管理部门改进研究生教育管理，进而提升人才培养质量与研究生教育质量都具有重要的积极作用。

为此，在 2012 年、2013 年、2014 年开展的研究生满意度调查基础上，2015 年继续开展研究生满意度调查，并且改进了调查方式，扩大了调查对象的数量和范围，以期更加深入地了解研究生满意度的基本状况与动态变化。

## 一、调查内容与样本

### （一）调查目的

本调查的主要目的有 3 个：一是了解研究生对研究生教育总体上的满意度及其年度变化情况，对我国研究生教育的整体质量作出评价；二是获得研究生对研究生教育各个环节、各个方面的评价，发现研究生教育中存在的问题；三是探究不同群体研究生对研究生教育的评价的差别并揭示其意义。

### （二）调查内容

2015 年研究生满意度调查沿用了 2014 年的研究生满意度调查问卷。问卷内容主要由下几个部分构成：

第一部分调查研究生的性别、培养单位类型、学科领域（共分 13 个学科门类）、学位层次、学位类型及年级等背景信息；

第二部分调查研究生的总体满意度，包括研究生对研究生教育的总体满意度及对课程教学、科学研究、导师指导、管理服务等主要环节和方面的总体满意度；

第三部分调查研究生对课程教学方面的满意度，包括对课程体系、课程前沿性、教师教学水平、教学方法以及课程教学效果等的具体评价；

第四部分调查研究生对科研训练的满意度，包括研究生在读期间参与科研项目的数量，对所参与项目的学术含量的评价，对科研训练在提升自身创新能力、学术素养、实践能力、学习能力和就业竞争力等方面的作用的评价，对所获得的科研补贴与支持的满意度等；

第五部分调查研究生对导师指导的满意度，包括对导师的学术水平、道德修养、指导频率和时间、指导水平以及对导师在学术兴趣、专业知识、科研能力、治学态度和道德修养等方面对自己的影响程度的评价；

第六部分调查研究生对培养单位管理服务的满意度，包括对培养单位提供的奖学金和“三助”岗位，学校的食堂、住宿和图书馆，学术交流与就业指导服务等方面的评价；

第七部分是专门针对专业学位研究生的满意度调查，包括专业学位研究生校外导师、参与专业实践的情况以及对校外导师指导与专业实践的评价。

除基本信息及个别具体问题外，各满意度问项采用李克特五级量表，将研究生的满意度评价分为“非常满意、满意、一般、不太满意、非常不满意”5 个级别。

**共调查了50个研究生培养单位**

### （三）调查样本

本调查采取分层抽样方法，共调查了 50 个研究生培养单位。其中，“985 工程”高校 19 所[①]，“211 工程”高校 12 所[②]，其他高校 17 所[③]，科研院所 2 所，分别是北京航空航天大学、北京工商大学、北京工业大学、北京交通大学、北京林业大学、常州大学、大连理工大学、第四军医大学、电子科技大学、东北师范

① 指列入“985 工程”建设的高校，以下简称“985 高校”。

② 指列入“211 工程”但未列入“985 工程”的高校，以下简称“211 高校”。

③ 指除了“985 高校”和“211 高校”之外其他有培养研究生资格的高校。本次调查科研院所包括中国科学院大学、中国农业科学院。

大学、东南大学、广西师范大学、桂林理工大学、国防科学技术大学、哈尔滨工业大学、海军航空工程学院、海南大学、河北大学、河南大学、华北电力大学、华东师范大学、华南理工大学、华中师范大学、吉林大学、暨南大学、空军工程大学、南京林业大学、南开大学、宁波大学、青岛大学、青岛农业大学、清华大学、三峡大学、山东大学、山西大学、上海交通大学、苏州大学、天津大学、武汉大学、武汉科技大学、西安电子科技大学、西安建筑科技大学、西北工业大学、西北农林科技大学、湘潭大学、郑州大学、中国科学技术大学、中国科学院大学、中国农业科学院、重庆大学；共向除河南大学之外的 49 个培养单位发放纸质问卷 18500 份，回收问卷 17269 份（青岛大学因超过回收截止期限而整体未统计在内），回收率 93.3%；有效问卷 16918 份，问卷有效率 98.0%[①]。向河南大学发放电子版问卷 1600 份，回收问卷 1107 份，回收率 69.1%。其中，有效问卷 1078 份，有效率 97.3%。有效问卷总数为 17996 份。在有效问卷中，“985 高校”最多，达到 8716 份，占 48.4%；“211 高校”3300 份，占 18.3%；其他高校 5494 份，占 30.5%；科研院所 486 份，占 2.7%[②]。不同类型培养单位调查样本具体分布见图 4–1。

**有效问卷16918份，问卷有效率98.0%**

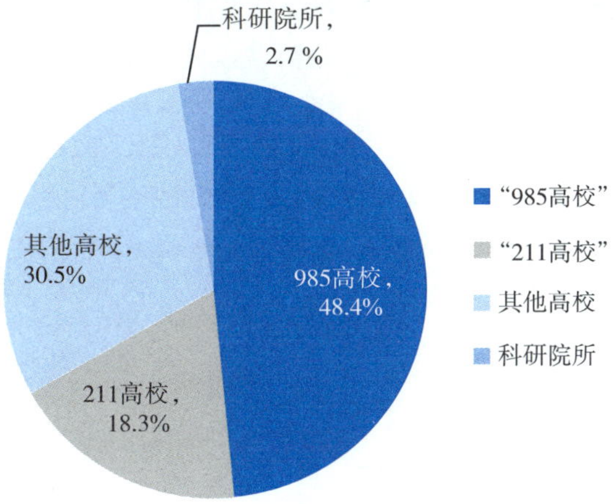


**图4–1 不同类型培养单位调查样本分布情况**

① 本调查的无效问卷是指在 53 道题中超过 10 道题没有填答的问卷，除此之外皆为有效问卷。

② 由于调查数据采用四舍五入法保留到小数点后一位以及部分题项存在个别缺失值，因而存在个别项百分比之和不等于 100% 的情况。

调查对象按性别分，男生 9826 人，占 54.6%；女生 8060 人，占 44.8%；缺失值 110，占 0.6%。按培养层次分，硕士研究生 14597 人，占 81.1%；博士研究生人 3238 人，占 18.0%（调查对象按年级分布情况见表 4–1）；缺失值 161，占 0.9%。按培养类型分，学术学位研究生 13282 人，占 73.8%（按学科分布情况见表 4–2）；专业学位研究生 4334 人，占 24.1%；缺失值 380，占 2.1%。

**表4–1　调查对象按层次、年级分布情况**

| 项目 | 硕士研究生 | | 博士研究生 | |
|---|---|---|---|---|
| | 人数 | 比例/% | 人数 | 比例/% |
| 一年级 | 6930 | 47.5 | 973 | 30.0 |
| 二年级 | 5229 | 35.8 | 851 | 26.3 |
| 三年级 | 2312 | 16.0 | 827 | 25.5 |
| 四年级及以上* | — | — | 560 | 17.3 |
| 缺失值 | 126 | 0.9 | 27 | 0.8 |
| 合计 | 14597 | 100.2** | 3238 | 99.9 |

* 我国研究生学制普遍为硕士研究生 2-3 年，博士研究生 3-4 年

** 由于调查数据采用四舍五入法保留到小数点后一位，以及部分题项存在个别缺失值，因而存在个别项百分比之和不等于 100% 的情况

**表4–2　学术学位研究生按学科分布情况**

| 学科门类 | 人数 | 比例/% |
|---|---|---|
| 工学 | 5757 | 43.3 |
| 理学 | 2406 | 18.1 |
| 管理学 | 1066 | 8.0 |
| 农学 | 781 | 5.9 |
| 哲学 | 679 | 5.1 |
| 文学 | 629 | 4.7 |

续表

| 学科门类 | 人数 | 比例/% |
|---|---|---|
| 法学 | 537 | 4.1 |
| 经济学 | 315 | 2.4 |
| 教育学 | 294 | 2.2 |
| 艺术学 | 223 | 1.7 |
| 历史学 | 175 | 1.3 |
| 军事学 | 79 | 0.6 |
| 医学 | 50 | 0.3 |
| 缺失值 | 291 | 2.2 |
| 合计 | 13282 | 100.0 |

较之2014年的满意度调查，本次调查有效样本数量有了较大幅度的增长，约占全国同期在校研究生总数的1%；调查对象来自49个培养单位，较上年增加了6所，约占同期研究生培养单位总数的6%。这进一步保证了本次调查的代表性和科学性。

**研究生对研究生教育的总体满意率达到了71.7%**

## 二、调查主要结论

### （一）研究生总体满意度

研究生对研究生教育的总体满意率达到了71.7%，比2014年提高了5.3百分点（图4-2）。

**总体满意率比2014年提高了5.3百分点**

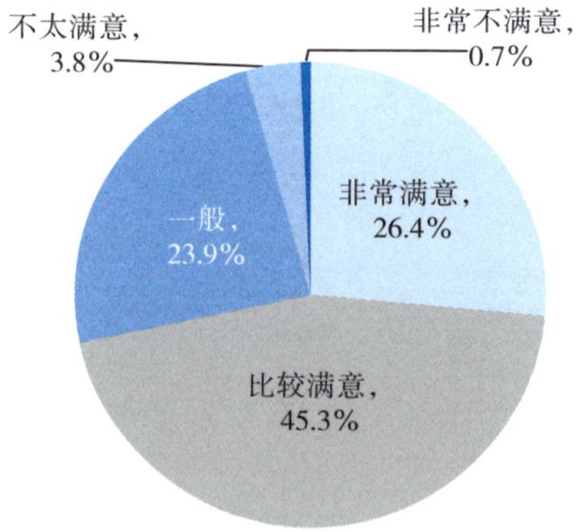


图4-2　2015年研究生总体满意度

1. 不同性别群体相比，男生和女生对研究生教育的总体满意度相当，满意率都是 71.7%（图 4-3）。

**男生和女生对研究生教育的总体满意度相当，满意率都是71.7%**

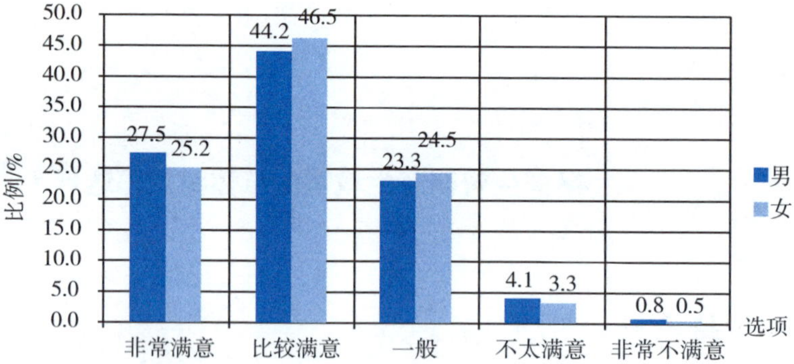


图4-3　不同性别研究生总体满意度比较

2. 在各类培养单位中，科研院所研究生对研究生教育的总体满意度最高，满意率达到了 78.1%，其次是“985 高校”、“211 高校”，其他高校对研究生教育的总体满意度最低。

**科研院所研究生总体满意度最高**

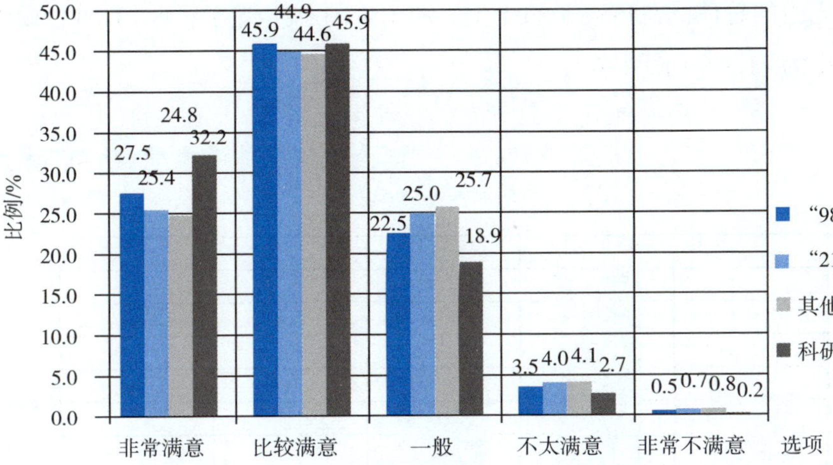


**图4-4　不同类型培养单位研究生总体满意度比较**

3. 在各学科门类学术学位研究生中，艺术学研究生的总体满意度最高，满意率达到78.8%。

## 艺术学研究生的总体满意度**最高**

除艺术学外，各学科门类中研究生总体满意率由高到低分别为哲学（76.9%）、文学（76.0%）、医学（75.5%）、经济学（73.7%）、历史学（72.9%）、工学（70.6%）、农学（70.2%）、理学（70.1%）、管理学（67.6%）、军事学（67%）、法学（65.4%）、教育学（58.5%）（图4-5）。

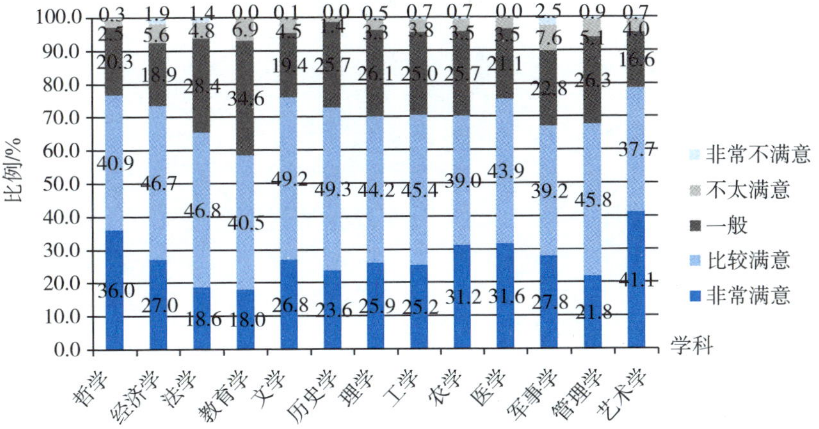


**图4-5　各学科总体满意度**

4. 博士生的总体满意度高于硕士生。博士生的总体满意率达 73.7%，硕士研究生满意率为 71.3%（图 4–6）。

**博士生的总体满意度高于硕士生**

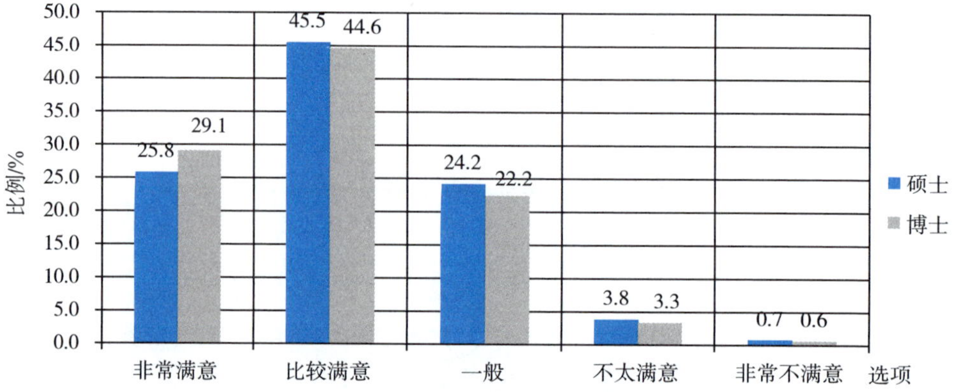


图4–6　不同层次研究生总体满意度比较

## （二）课程教学满意度

研究生对课程教学方面的满意率为 78.6%（图 4–7），比 2014 年提高了 3.5 百分点，也比总体满意率高出近 7 百分点。

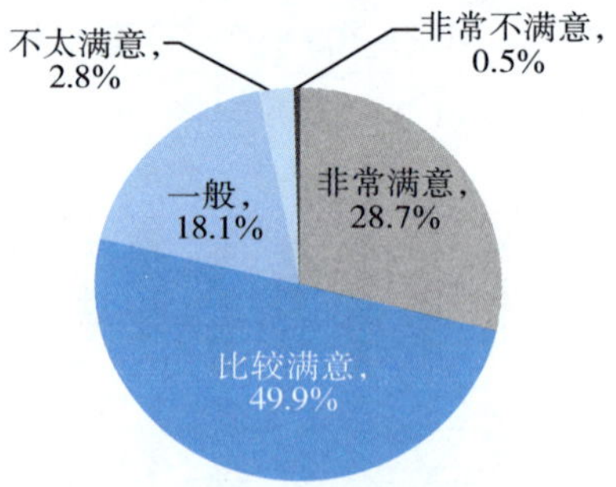


图4–7　研究生对课程教学的满意度

**科研院所研究生对课程教学的满意度最高**

1. 在各类培养单位中，科研院所研究生对课程教学的满意度最高，满意率达到了 85.8%，且没有学生选择“非常不满意”，其他高校研究生较其他类型培养

单位满意率最低，仅为 75.5%（图 4–8）

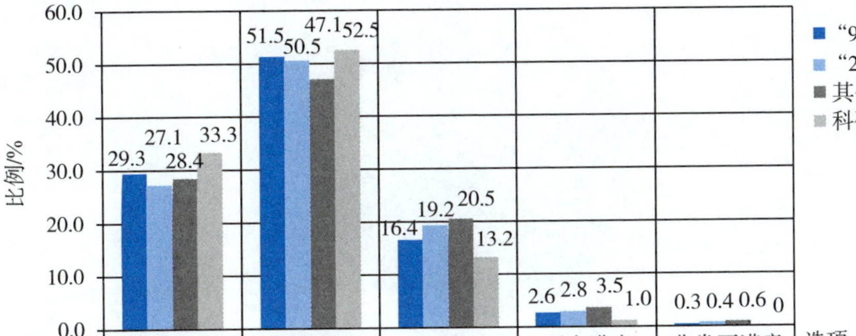


| | 非常满意 | 比较满意 | 一般 | 不太满意 | 非常不满意 |
|---|---|---|---|---|---|
| 985高校 | 29.3 | 51.3 | 16.4 | 2.6 | 0.3 |
| 211高校 | 27.1 | 50.5 | 19.2 | 2.8 | 0.4 |
| 其他高校 | 28.4 | 47.1 | 20.5 | 3.5 | 0.6 |
| 科研院所 | 33.3 | 52.5 | 13.2 | 1.0 | 0 |

选项

**图4–8 不同类型培养单位研究生对课程教学的满意度比较**

2. 研究生对课程体系合理性的评价相对偏低，满意率只有 65.0%（图 4–9），低于对课程教学的总体评价。

**研究生对课程体系合理性满意率只有65.0%**

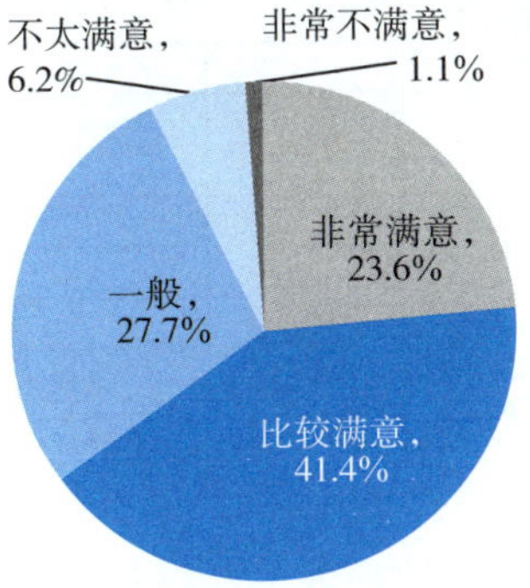


**图4–9 研究生对课程体系合理性的评价**

3. 研究生对课程前沿性的评价也低于对课程教学的总体评价，满意率只有 64.7%（图 4–10）。

**研究生对课程前沿性满意率只有64.7%**

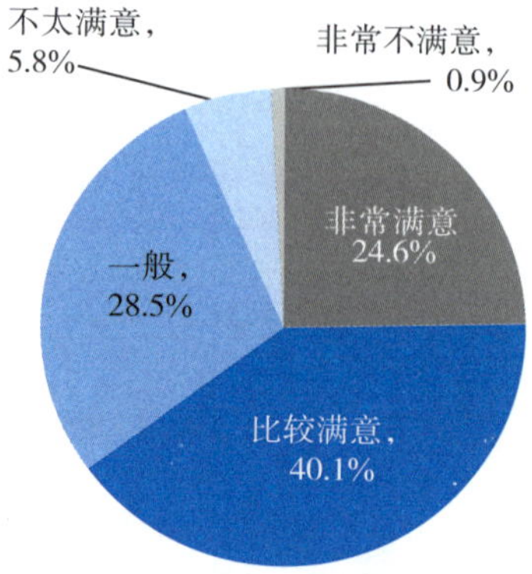


图4-10　研究生对课程前沿性评价

## 研究生对教师教学水平的评价较高，但对教师教学方法的评价偏低

4. 研究生对教师教学水平的评价较高，但对教师教学方法的评价偏低，有 79.6% 的研究生对教师的教学水平表示满意，但仅有 71.7% 的研究生对教师的教学方法表示满意（图 4-11）。

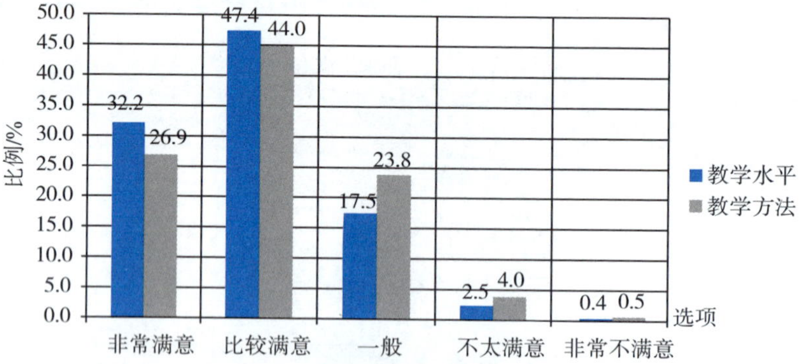


图4-11　研究生对教师教学水平及教学方法的满意度

## 研究生对课程教学效果的评价普遍偏低

5. 对于课程教学的效果，研究生的评价普遍偏低。对课程教学在夯实基础知识、学习科研方法、了解学科前沿几个方面的作用，研究生的选择“很大”或“较

大”的比例只有 68.3%、75.2%、63.9%；课程教学在提高学习兴趣、提升实践能力、提高创新能力 3 个方面作用也较弱，仅有 58.8%、55.9%、54.0% 的研究生表示作用“很大”或“较大”（图 4–12）。

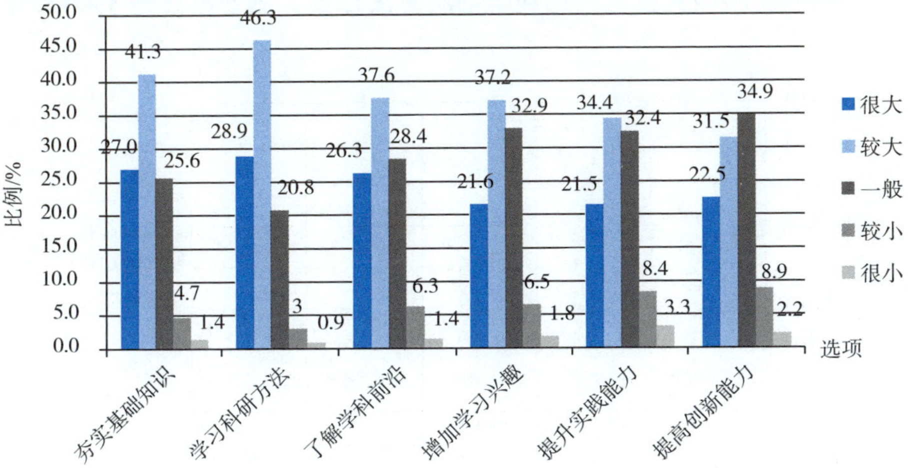

图4–12 研究生对课程教学作用的评价

### （三）科研训练满意度

研究生对科研训练的满意率为 74.7%（图 4–13），高于 2014 年 3.7 百分点，也比总体满意度高出 3 百分点。

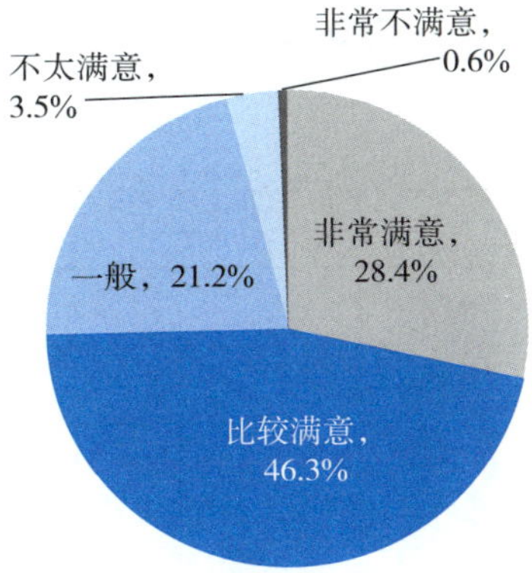

图4–13 研究生对科研训练的满意度

1. 在各类培养单位中，科研院所研究生对科研训练的满意度最高，满意率达到了 86.6%；其次是 985 高校、其他高校，“211 高校”研究生对科研训练的满意度最低（图 4–14）。

**科研院所研究生对科研训练的满意度最高，满意率达到了86.6%**

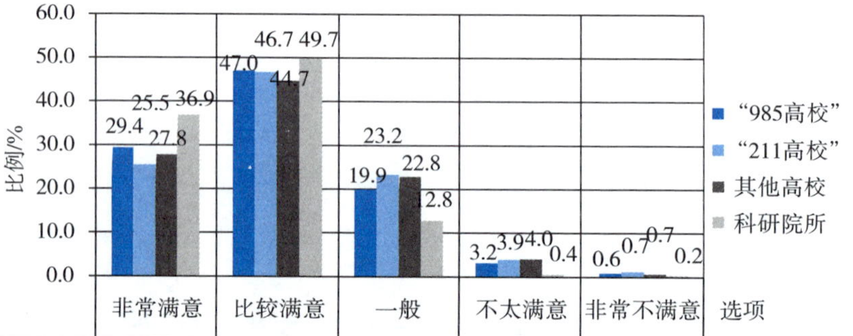


| | 非常满意 | 比较满意 | 一般 | 不太满意 | 非常不满意 |
|---|---|---|---|---|---|
| 985高校 | 29.4 | 47.0 | 19.9 | 3.2 | 0.6 |
| 211高校 | 25.5 | 46.7 | 23.2 | 3.9 | 0.7 |
| 其他高校 | 27.8 | 44.7 | 22.8 | 4.0 | 0.7 |
| 科研院所 | 36.9 | 49.7 | 12.8 | 0.4 | 0.2 |

图4–14　不同类型培养单位研究生对科研训练的满意度比较

2. 就培养层次而言，博士生对科研训练的满意度高于硕士生。博士生对科研训练的满意率达到 83.6%，而硕士生对科研训练的满意率为 72.7%（图 4–15）。

**博士生对科研训练的满意率达到83.6%**

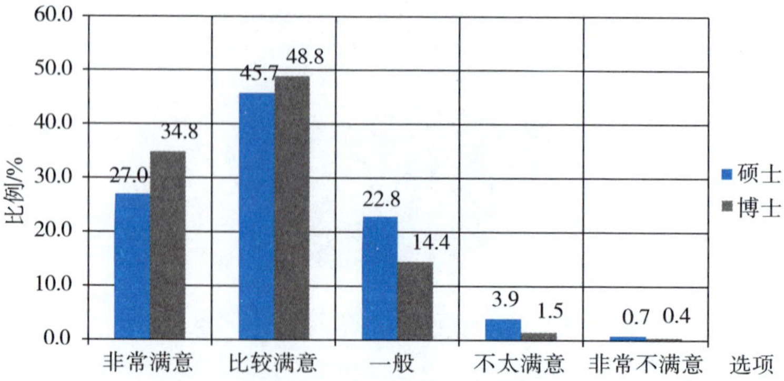


图4–15　不同层次研究生对科研训练的满意度比较

3. 研究生对参与科研项目的学术含量评价较低，表示参与科研项目的学术含量"很高"或"较高"的比例仅为 57.4%（图 4-16）。

**研究生对表示参与科研项目的学术含量"很高"或"较高"的比例仅为**

**57.4%**

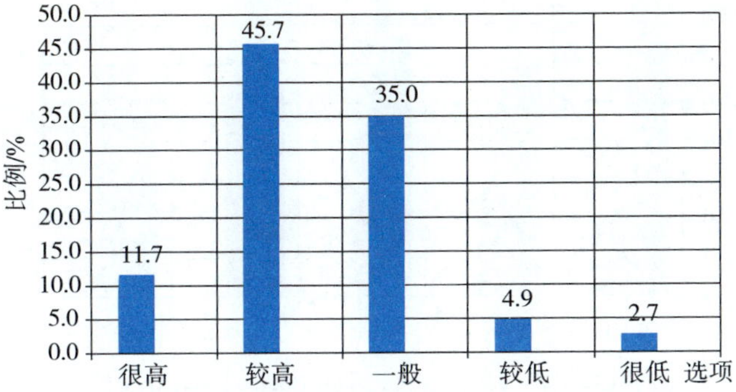


图4-16　研究生对参与科研项目的学术含量评价

4. 研究生对所获科研补贴的评价依然较低。对科研补贴表示满意的研究生仅占 42.8%，但比 2014 年的 36.7% 上升了 6.1 百分点（图 4-17）。

**对科研补贴表示满意的研究生仅占42.8%，但比2014年的36.7%上升了6.1百分点**

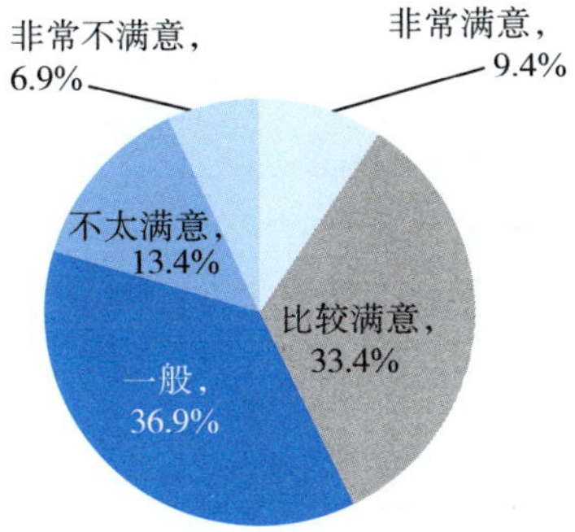


图4-17　研究生对科研补贴的满意度

5. 关于科研训练的效果，研究生更加认可科研训练对于提升自身学习能力和学术素养的作用，在这两个方面选择“很大”或“较大”的比例分别为 81.0% 和 77.1%。研究生对于科研训练在提升自身就业竞争力方面的作用评价相对较低，在这方面选择“很大”或“较大”的比例分别只有 59.2%（图 4–18）。

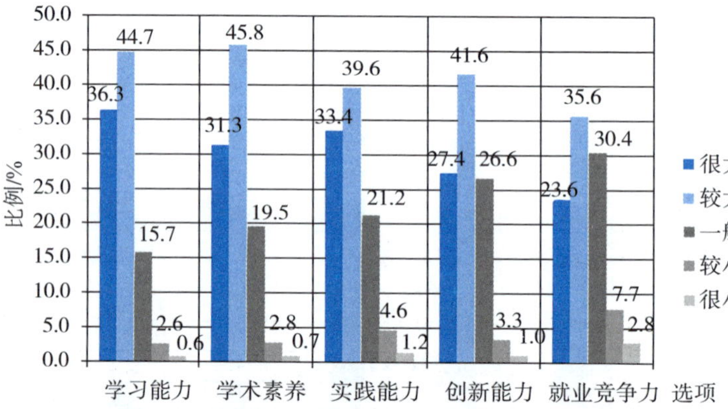


图4–18 研究生对科研训练作用的评价

## （四）指导教师满意度

研究生对指导教师的满意率达到 87.0%（图 4–19），比 2014 年提高 1.3 百分点。对指导教师的满意度不仅远高于总体满意度，也高于对课程教学、科研训练、管理与服务等研究生教育各主要方面的满意度。

**研究生对指导教师的满意率达到87.0%**

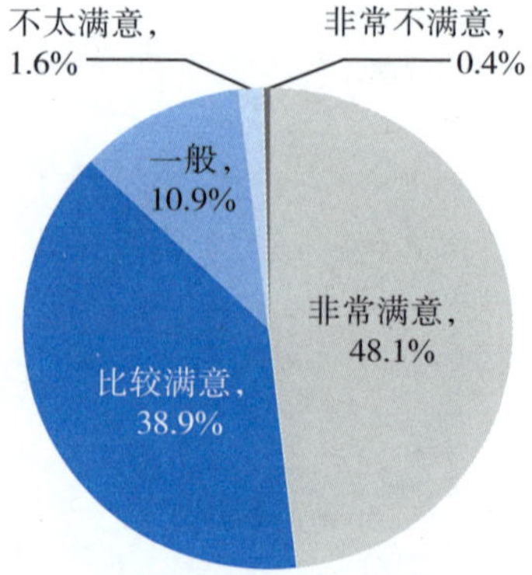


图4–19 研究生对指导教师的满意度

**研究生对导师道德修养和学术水平的评价相对较高（满意率分别达到了 91%和89.8%）**

1. 研究生对导师道德修养和学术水平的评价相对较高（满意率分别达到了 91% 和 89.8%）；对导师指导水平也较为认可，满意率达到了 85.8%，对导师指导频率或时间的评价相对较低（满意率为 79%）（图 4–20）。

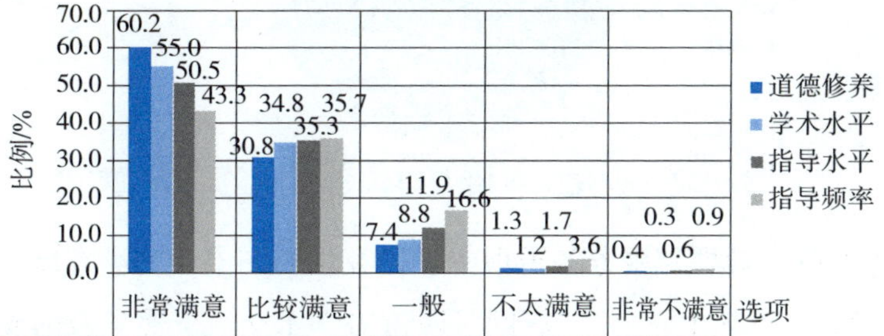


| | 非常满意 | 比较满意 | 一般 | 不太满意 | 非常不满意 |
|---|---|---|---|---|---|
| 道德修养 | 60.2 | 30.8 | 7.4 | 1.3 | 0.4 |
| 学术水平 | 55.0 | 34.8 | 8.8 | 1.2 | 0.3 |
| 指导水平 | 50.5 | 35.3 | 11.9 | 1.7 | 0.6 |
| 指导频率 | 43.3 | 35.7 | 16.6 | 3.6 | 0.9 |

**图4–20　研究生对指导教师各题项满意度评价**

2. 关于导师对研究生各方面素质的影响，研究生的评价普遍较高。其中，在治学态度和道德修养方面，研究生的评价更高一些，表示导师对自身治学态度和道德修养“很大”或“较大”的比例都超过了 80%。研究生表示导师对自身学术兴趣的影响“很大”或“较大”的比例相对低一些，只有 75.3%（图 4–21）。

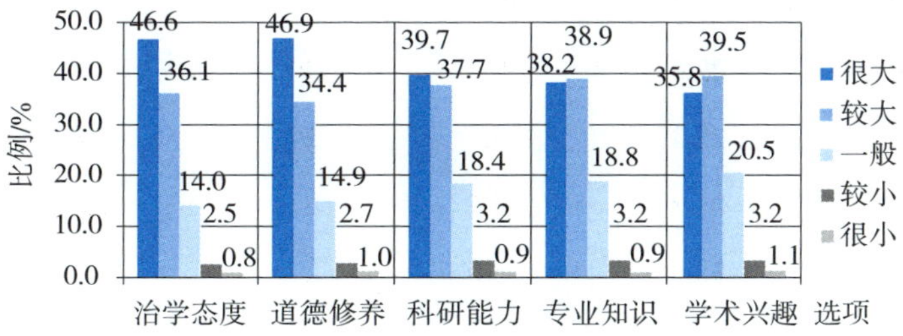


**图4–21　研究生对导师影响的评价**

### （五）管理与服务满意度

研究生对管理与服务的满意率为72.0%，比2014年高出4百分点(图4–22)。研究生对管理与服务的满意度与对研究生教育的总体满意度较为接近。

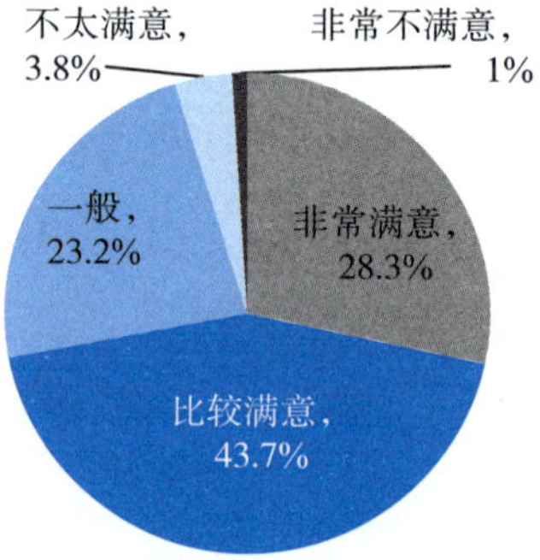


图4–22　研究生对培养单位管理服务的满意度

1. 在培养单位管理与服务各子项中，研究生对图书馆的满意度相对较高（满意率为74.2%），对学生管理、“三助”岗位对学术交流、奖学金的支持等方面的满意度超过了60%；研究生对食堂和就业指导与服务的满意度最低，满意率分别只有48.8%和54.2%（表4–3）。

**研究生对图书馆的满意度相对较高**

表4–3　研究生对管理服务各方面满意度评价排序

（单位：%）

| 项　目 | 非常满意 | 比较满意 | 一般 | 不太满意 | 非常不满意 |
|---|---|---|---|---|---|
| 图书馆 | 33.0 | 41.2 | 18.7 | 5.0 | 2.1 |
| 学生管理 | 20.7 | 40.7 | 30.0 | 6.2 | 2.4 |
| “三助”岗位 | 22.6 | 38.5 | 30.3 | 6.5 | 2.2 |
| 学术交流 | 22.3 | 38.3 | 29.3 | 7.8 | 2.3 |
| 奖学金 | 21.8 | 38.5 | 27.3 | 8.5 | 3.8 |
| 宿　舍 | 18.0 | 33.0 | 27.7 | 13.3 | 8.0 |
| 就业指导与服务 | 19.4 | 34.8 | 33.6 | 9.1 | 3.1 |
| 食　堂 | 16.3 | 32.5 | 29.1 | 14.0 | 8.1 |

### （六）专业学位研究生满意度

1. 专业学位研究生对研究生教育的总体满意度稍高于学术学位研究生。调查对象中，专业学位研究生人数为4334，占总体24.1%。专业学位研究生对研究生教育的总体满意率为72.0%，比2014年提高5百分点（67.0%），稍高于学术学位研究生的总体满意率（71.5%）。但专业学位研究生对课程教学、科研训练、指导教师等方面的满意度均低于学术学位研究生（图4–23）。

**专业学位研究生对研究生教育的总体满意度稍高于学术学位研究生**

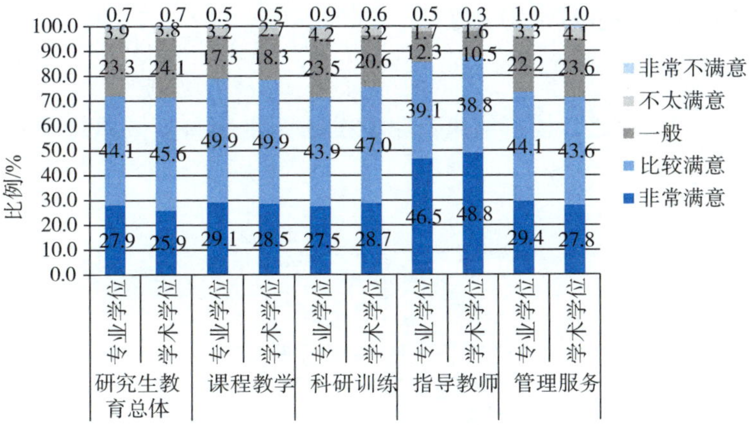


图4–23　专业学位与学术学位研究生各项满意度比较

2. 拥有校外导师的专业学位研究生比例依然过低。仅有22.9%的专业学位研究生拥有校外导师。专业学位博士生拥有校外导师的比例（20.4%）低于专业学位硕士生（23.0%）。在拥有校外导师的专业学位研究生中，有69.4%对校外导师表示满意（图4–24），低于2014年3.4百分点。

**仅有22.9%的专业学位研究生拥有校外导师**

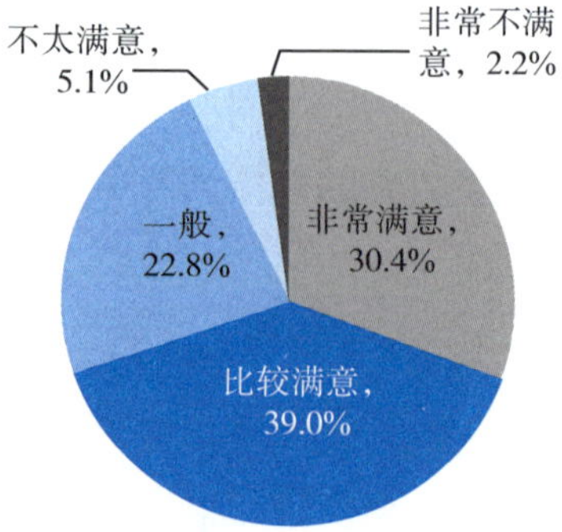


图4-24　专业学位研究生对校外导师指导满意度

3. 只有 25.5% 的专业学位研究生进入实践基地参加专业实践。专业学位硕士生进入实践基地的比例（25.5%）略高于专业学位博士生（24.6%）。在进入实践基地的专业学位研究生中，有 77.8% 对自己在实践基地的专业实践表示满意，比 2014 年 78.8% 低 1 百分点（图 4-25）。

**只有25.5%的专业学位研究生进入实践基地参加专业实践**

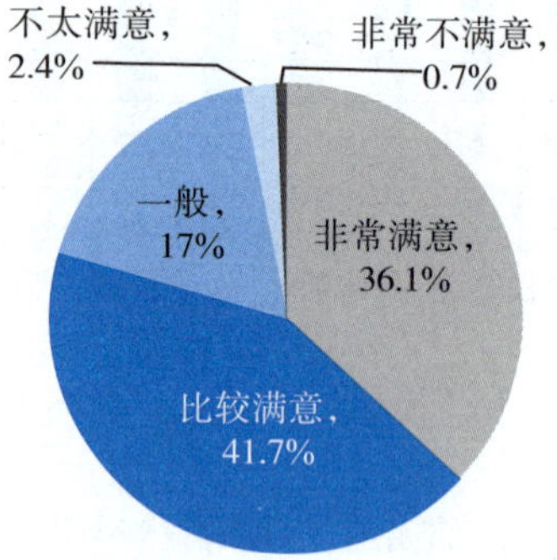


图4-25　专业学位研究生对实践基地的满意度

## 三、研究生教育满意度历年比较

### （一）总体满意度变化情况

2012—2015 年，研究生对研究生教育总体满意度整体上呈上升趋势，总体满意度从 2012 年的 63.1% 提高到 2015 年的 71.7%，累计提高了 8.6 百分点。（图 4–26）。

**研究生对研究生总体满意度整体上呈上升趋势**

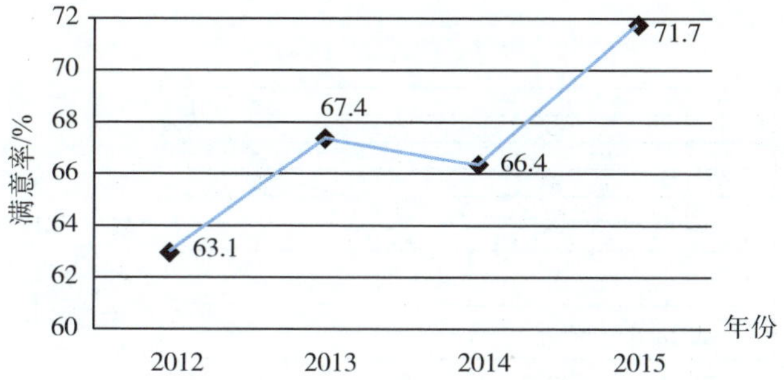


图4–26　2012—2015年研究生满意度变化情况

1. 不同性别群体相比，除 2012 年男生对研究生教育的总体满意度高于女生外，2013 年、2014 年连续 2 年，女生对研究生教育整体的满意度高于男生；在 2015 年两者呈现持平状态（图 4–27）。

**2013年、2014年连续2年，女生对研究生教育整体的满意度高于男生**

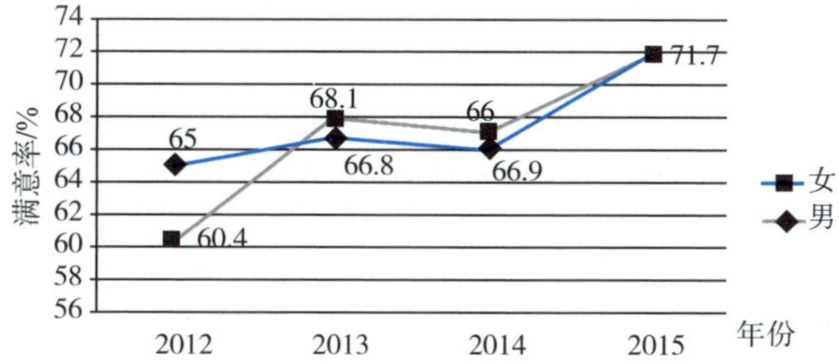


图4–27　2012—2015年不同性别研究生总体满意度比较

2. 在各类培养单位中，“985 高校”和“211 高校”研究生对研究生教育总体满意度逐年上升，科研院所研究生对研究生教育总体满意度连续 4 年在各类培养单位中最高（图 4–28）。

**“985高校”和“211高校”研究生对研究生教育总体满意度逐年上升**

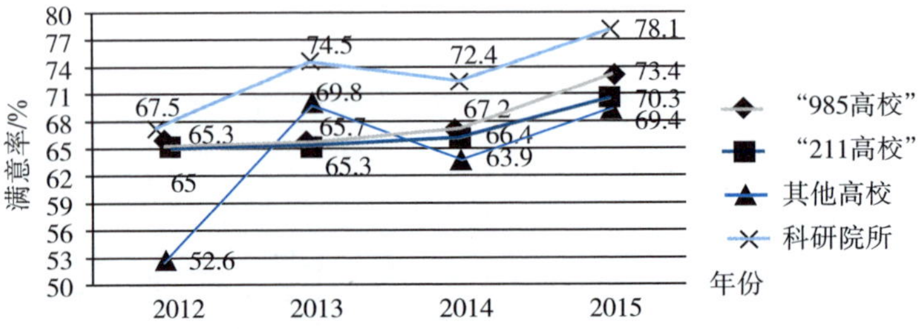


图4–28　2012—2015年不同类型培养单位研究生总体满意度比较

**经济学研究生的总体满意度持续上升**

3. 在各学科门类中，经济学研究生的总体满意度持续上升，并在 2014 年成为各学科门类中满意度排名第二的学科。此外，管理学研究生对研究生教育总体满意率也在逐年上升（表 4–4）。

**管理学研究生对研究生教育总体满意率也在逐年上升**

表4–4　2012—2015年不同学科研究生总体满意度比较

（单位：%）

| 学　科 | 2012年 | 2013年 | 2014年 | 2015年 |
| --- | --- | --- | --- | --- |
| 哲　学 | 60.1 | 73.8 | 80.5（年度最高） | 76.9 |
| 经济学 | 64.3 | 60.9（年度最低） | 71.1 | 73.7 |

续表

| 学　科 | 2012年 | 2013年 | 2014年 | 2015年 |
|---|---|---|---|---|
| 法　学 | 58.0 | 71.0 | 66.5 | 65.4 |
| 教育学 | 55.8 | 68.8 | 60.6（年度最低） | 58.5（年度最低） |
| 文　学 | 54.0（年度最低） | 72.9 | 67.1 | 76.0 |
| 历史学 | 68.2 | 68.3 | 79.1 | 72.9 |
| 理　学 | 67.7 | 68.3 | 66.7 | 70.1 |
| 工　学 | 65.0 | 65.5 | 63.0 | 70.6 |
| 农　学 | 54.4 | 70.0 | 68.8 | 70.2 |
| 医　学 | 78.8（年度最高） | 80.9（年度最高） | 79.8 | 75.5 |
| 军事学 | 67.5 | 73.3 | 68.3 | 67.0 |
| 管理学 | 55.0 | 61.3 | 65.7 | 67.6 |
| 艺术学 | 68.7 | 62.2 | 71.2 | 78.8（年度最高） |

## 博士研究生对研究生教育**整体满意度**连续4年均**高于**硕士研究

4. 博士研究生对研究生教育整体满意度连续 4 年均高于硕士研究，但二者之间的差距从 2012 年的近 10 百分点，缩小至 2015 年的 2.4 百分点（图 4–29）。

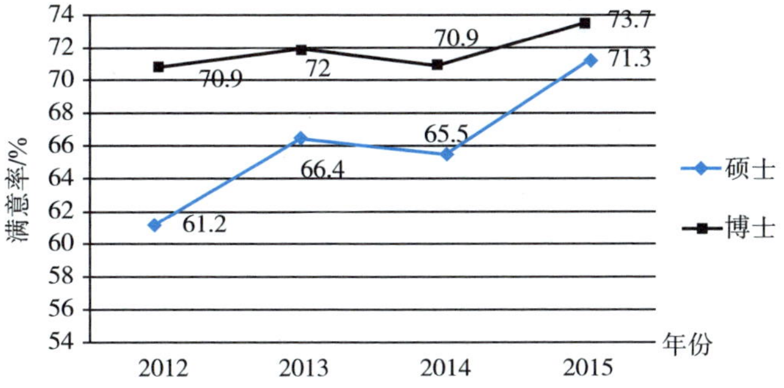


图4–29　2012—2015年不同层次研究生总体满意率比较

## （二）研究生教育各主要方面满意度变化情况

1. 课程教学满意度变化情况

2012—2015 年，研究生对课程教学的总体满意率从 67.0% 提高到 78.6%，累计提高了 11.6 百分点（图 4–30）。

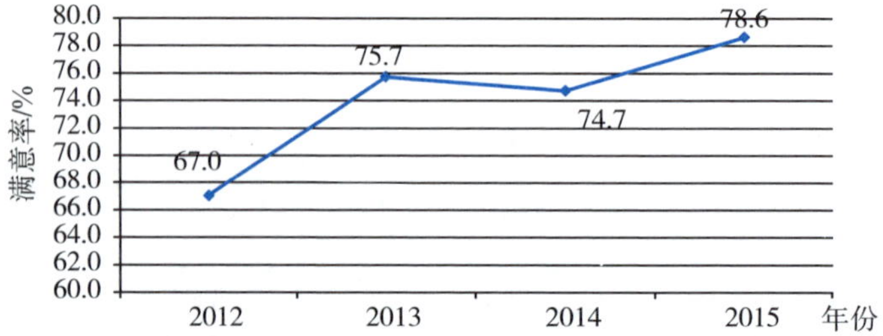


**图4–30　2012—2015年研究生对课程教学的满意度变化情况**

2. 科研训练满意度变化情况

2012—2015 年，研究生对科研训练的总体满意率逐年提升，从 66.0% 提高到 74.7%，累计提高了 8.7 百分点（图 4–31）。

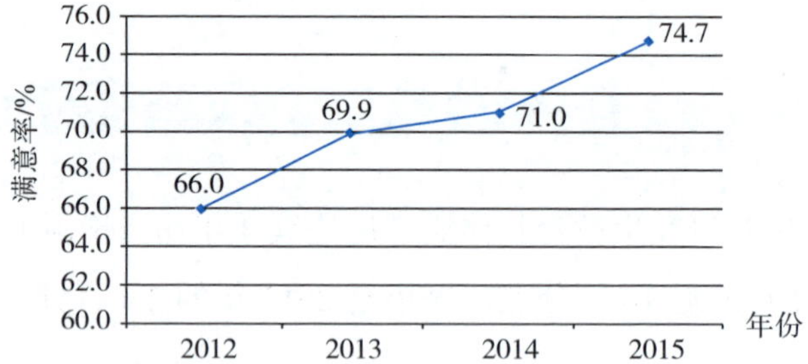


**图4–31　2012—2015年研究生对科研训练的满意度变化情况**

3. 指导教师满意度变化情况

2012—2015 年，研究生对指导教师的总体满意率从 78.6% 提高到 87.0%，累计提高了 8.4 百分点（图 4–32）。

**对指导教师的总体满意率从78.6%提高到87.0%**

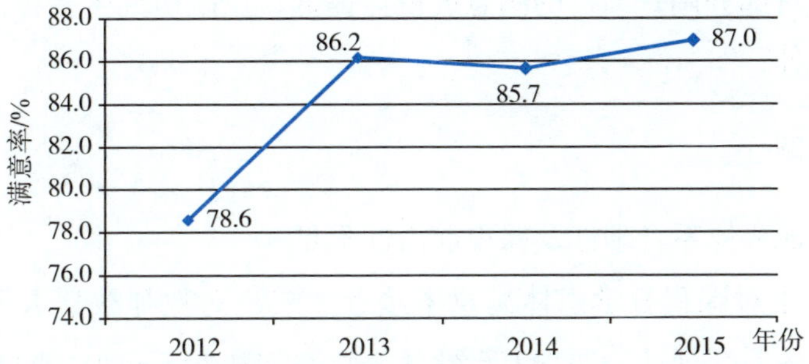


图4-32　2012—2015年研究生对指导教师的满意度变化情况

4. 管理与服务满意度变化情况

2012—2015 年，研究生对管理与服务的总体满意率从 61.2% 提高到 72.0%，累计提高了近 11 百分点（图 4-33）。

研究生对研究生教育的**总体满意度**从63.1%提高到71.7%

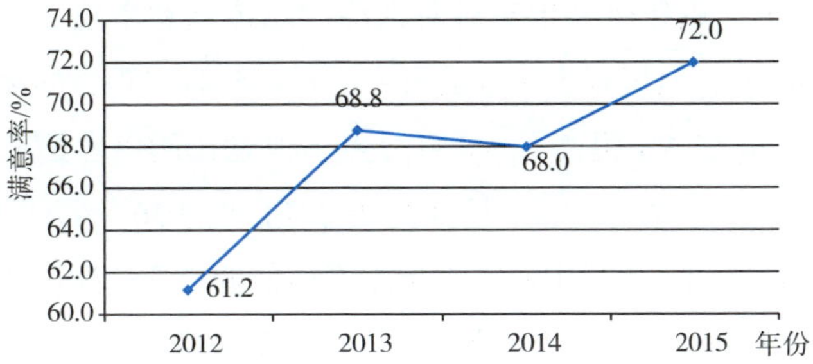


图4-33　2012—2015年研究生对培养单位管理与服务的满意度变化情况

## 四、主要问题及建议

2012—2015 年，研究生对研究生教育的总体满意度从 63.1% 提高到 71.7%，累计提高了 8.6 百分点。同时，2015 年研究生对课程教学、科研训练、指导教师、管理与服务等研究生教育的主要方面的满意度与 2012 年相比均有 8 百分点以上的累计提升幅度。这表明我国近年来政府出台的一系列提高质量的政策与措施和培养单位落实质量主体责任是有效的，研究生教育质量在不断提升。但另一方面，研究生对部分调查项目的满意度依然偏低，反映研究生教育在这些方面存在有待改进之处。

## （一）主要问题

1. 研究生课程体系合理性及课程前沿性不足

尽管研究生对课程教学总体满意率接近 80%，对教师教学水平的评价也很高，但对课程体系合理性、课程前沿性的满意率却都低于 60%。同时，对课程教学在提升自己学习兴趣、实践能力、创新能力方面的作用，研究生的评价也都偏低。这说明，课程体系不合理、课程前沿性不足，一定程度上制约了课程教学的效果。

**课程体系合理性、课程前沿性的满意率却都低于60%**

2. 研究生参加科研项目的学术含量及科研补贴额度偏低

在本次调查中，虽然研究生对科研训练的总体满意率较 2014 年提高了 3.5 百分点，达到 74.7%，但仅有 57.4% 的研究生对参与科研项目的学术含量表示满意，虽然比 2014 年 52.6% 提高了 4.8 百分点，但是比例仍然偏低。同时，研究生对科研补贴的满意率为 42.8%，虽然高于 2014 年的 36.7%，但仍处于较低的水平，而且是在所有调查项目中研究生满意度最低的一项。这说明研究生参与导师的科研项目本身的学术水平以及导师给研究生发放的科研补贴与研究生的期望存在较大的差距。

**仅有57.4%的研究生对参与科研项目的学术含量表示满意，比例仍然偏低**

3. 专业学位研究生校外导师及实践基地仍然难以满足需求

专业学位的研究生的培养模式是实行校内外联合培养，注重实践环节，实行双导师制，但是专业学位研究生仅有 22.9% 的研究生拥有校外导师。其中，20.4% 博士研究生、23.0% 的硕士研究生拥有校外导师。拥有校外导师的专业学位的研究生的比例过低。同时，仅有 25.5% 的专业学位研究生进入实践基地参加专业实践。这显示培养单位的专业学位研究生培养模式与培养资源难以满足专业学位研究生的实践需要。

**仅有25.5%的专业学位研究生进入实践基地参加专业实践**

## （二）对策与建议

1. 深入推进研究生课程建设

课程学习是我国研究生培养的重要环节，在研究生成长成才中具有全面、综合和基础性作用。但长期以来，我国研究生课程建设受到一定程度的忽视，存在课程制度不够健全、课程体系不够合理、课程前沿性不足、研究生课程学习投入不足等问题，影响了课程学习作用的发挥。为此，2014 年 12 月，教育部制定了《关于改进和加强研究生课程建设的意见》，对加强研究生课程建设提出了 20 条意见，北京工业大学、北京师范大学、首都师范大学等 169 所培养单位被确定为课程建设试点单位。试点单位和其他培养单位都应该以该文件精神为指引，充分认识加强研究生课程建设的重要意义，针对本单位研究生课程建设存在的问题，通过分类构建符合研究生培养需要的课程体系、建立规范和严格的课程审查机制、加强研究生选课管理、改进研究生课程教学、完善课程考核制度、提高教师教学能力和水平、加强课程教学管理与监督、强化政策和条件保障等途径，切实加强研究生课程建设，为学术学位研究生开展科学研究、为专业学位研究生开展专业实践打下坚实的基础。

**169所培养单位被确定为课程建设试点单位**

2. 切实提高研究生科研能力

研究生教育的一个基本特征，是教学和科研的统一。2006 年以后我国分批试点的研究生培养机制改革，其核心是构建这样一种“共赢”机制：导师带领研究生参加科研项目，研究生在导师的指导下，通过参与科研项目的研究过程而学习科学研究的方法和相关知识，同时获得一定的科研报酬，解决学习和生活所需。这一机制能否有效运作，关键在于导师有没有适合培养研究生的科研项目。本次调查及前几年的调查都显示，研究生对参与科研项目的学术含量及科研补贴的满意度偏低，这从一个侧面说明部分导师没有合适的科研项目用于研究生培养，或者在研究的过程中对研究生的使用多于培养，导致研究生参与项目研究但在研究能力方面收获不大；部分导师没有将研究生视为平等的科研伙伴，对研究生的科研工作没有提供足够的报酬。因此，高校应进一步深化研究生培养机制改革，取消没有合适科研项目的导师的招生资格；同时，加大资金筹措力度，完善科研补贴发放制度，督促导师尊重研究生的劳动，根据研究生的实际贡献为他们发放足额的科研补贴，解决他们的生计问题，使研究生将更多的精力放在学习和研究上去，切实提高研究生的科研能力。

**2014专业学位硕士生招生规模占当年硕士生招生总规模的比例接近40%**

3. 大力加强专业学位校外导师队伍和校外实践基地建设

2009年以来，我国专业学位种类及招生规模迅速扩大，到2014年，我国已有硕士专业学位40种，博士专业学位6种，专业学位硕士生招生规模占当年硕士生招生总规模的比例接近40%。专业学位研究生的培养目标是高层次职业人才，而较强的实践能力是对高层次职业人才的核心要求。为培养研究生的实践能力，实践型师资队伍、实践基地建设是必然要求。从本次调查的情况看，专业学位研究生拥有校外导师、进入实践基地的情况很不理想。因此，现阶段专业学位研究生培养单位的主要任务之一就是大力加强师资队伍建设和实习实践基地建设。一方面要通过走出去、引进来等多种途径，建设一支理论与实践兼备的校内专业学位研究生导师队伍，同时构建一支由行业、企业、政府、社会部门的优秀人才组成的兼职研究生导师队伍，加强管理，使他们积极参与到专业学位研究生培养中来，发挥他们的实践经验优势，强化研究生实践创新能力；另一方面，要积极与地方政府、行业、企业、社会部门合作，建设大批合作共赢的研究生校外实践基地，让研究生在学习期间能够深入职业实践一线，通过解决实际问题，加深对实践工作的认识，培养研究生发现、分析、解决实际问题的能力。

# 附 研究生教育满意度调查问卷

## 研究生教育满意度调查问卷

亲爱的同学：

您好！非常感谢您参与本次问卷调查！本调查旨在了解和掌握您对培养单位研究生教育的评价，为社会公众全面认识研究生教育发展状况，为政府教育管理部门决策提供可靠、准确的信息。请您根据真实感受和实际情况匿名填答，大约需要3分钟。

研究生教育满意度调查课题组

【填答说明】请用铅笔将“□”涂黑“■”。

性　　别：□ 男　□ 女

学　　历：□ 硕士　□ 博士

目前攻读：□ 学术学位　□ 专业学位

年　　级：□ 一年级　□ 二年级　□ 三年级　□ 四年级及以上

学科门类（专业学位研究生跳过此题）：□ 哲学　□ 经济学　□ 法学　□ 教育学　□ 文学　□ 历史学　□ 理学　□ 工学　□ 农学　□ 医学　□ 军事学　□ 管理学　□ 艺术学

| 题　　项 | 非常满意 | 比较满意 | 一般 | 不太满意 | 非常不满意 |
|---|---|---|---|---|---|
| 1. 课程教学的总体评价 | □ | □ | □ | □ | □ |
| 2. 参与科研工作的总体评价 | □ | □ | □ | □ | □ |
| 3. 指导教师的总体评价 | □ | □ | □ | □ | □ |
| 4. 研究生管理服务总体评价 | □ | □ | □ | □ | □ |
| 5. 学校研究生教育总体评价 | □ | □ | □ | □ | □ |
| 6. 课程体系合理性的评价 | □ | □ | □ | □ | □ |
| 7. 课程前沿性的评价 | □ | □ | □ | □ | □ |
| 8. 教师教学方法的评价 | □ | □ | □ | □ | □ |
| 9. 教师教学水平的评价 | □ | □ | □ | □ | □ |
| 10. 导师的学术水平 | □ | □ | □ | □ | □ |
| 11. 导师的道德修养 | □ | □ | □ | □ | □ |
| 12. 导师指导的频率（时间） | □ | □ | □ | □ | □ |
| 13. 导师指导的水平 | □ | □ | □ | □ | □ |
| 14. 奖学金制度 | □ | □ | □ | □ | □ |
| 15. “三助”岗位设置 | □ | □ | □ | □ | □ |
| 16. 图书馆 | □ | □ | □ | □ | □ |
| 17. 食堂 | □ | □ | □ | □ | □ |
| 18. 住宿 | □ | □ | □ | □ | □ |
| 19. 学生管理 | □ | □ | □ | □ | □ |
| 20. 学术交流机会 | □ | □ | □ | □ | □ |
| 21. 就业指导与服务 | □ | □ | □ | □ | □ |

22. 研究生课程在以下各方面的作用：

夯实知识基础：□很大　□较大　□一般　□较小　□很小

增加学习兴趣：□很大　□较大　□一般　□较小　□很小

了解学科前沿：□很大　□较大　□一般　□较小　□很小

学习科研方法：□很大　□较大　□一般　□较小　□很小

提高创新能力：□很大　□较大　□一般　□较小　□很小

提升实践能力：□很大　□较大　□一般　□较小　□很小

23. 读研期间参加过的科研项目（课题）数量是：□ 0项　□ 1项　□ 2项　□ 3项　□ 4项及以上

24. 参加科研工作的学术含量：□ 很高　□ 较高　□ 一般　□ 较低　□ 很低

25. 参加科研工作提高以下各方面能力的作用：

创新能力：□很大　□较大　□一般　□较小　□很小

学术素养：□很大　□较大　□一般　□较小　□很小

学习能力：□很大　□较大　□一般　□较小　□很小

实践能力：□很大　□较大　□一般　□较小　□很小

就业竞争力：□很大　□较大　□一般　□较小　□很小

26. 对所获科研补贴的评价：□ 非常满意　□ 比较满意　□ 一般　□ 不太满意　□ 非常不太满意

27. 在以下几个方面，导师对你的影响程度：

学术兴趣：□很大　□较大　□一般　□较小　□很小

专业知识：□很大　□较大　□一般　□较小　□很小

科研能力：□很大　□较大　□一般　□较小　□很小

治学态度：□很大　□较大　□一般　□较小　□很小

道德修养：□很大　□较大　□一般　□较小　□很小

28. 每月薪得科研补助为：□ 0　□ 501-1000　□ 1001-2000　□ 2000以上

如您是专业学位研究生，请继续填答以下题项。

29. 您有校外导师吗？□ 有　□ 没有（请跳过下题）

30. 您对校外导师的指导　□ 非常满意　□ 比较满意　□ 一般　□ 不太满意　□ 非常不满意

31. 您有没有进入专业实践基地？□ 有　□ 没有（问卷填答结束）

32. 您对专业实践基地　□ 非常满意　□ 比较满意　□ 一般　□ 不太满意　□ 非常不满意

**问卷调查到此结束，再次感谢您的合作！**

调查结束后将进行抽奖，如果您愿意，请留下常用邮箱：

# 第五章　研究生教育质量国际述评

进入 21 世纪以来，我国研究生教育规模迅速扩大，逐渐引起全世界的关注。境外媒体和专家通过一系列的调查、研究与深入挖掘，针对我国研究生教育的发展提出了诸多中肯的建议

## 一、境外媒体评述中国研究生教育

### （一）2015年英国西蒙兹集团世界大学排名，7所中国大学进前50

英国夸夸雷利·西蒙兹（Quacquarelli Symonds，简称 QS）教育集团最近发布 2015 年最新“世界大学学科排名”。中国大陆有 58 所大学入选全球顶尖学科前 400 名，排名第二。[①] 仅次于美国 157 所大学入选。英国有 57 所大学入选位列第三，法国 56 所，德国 47 所，中国台湾 20 所，中国香港 8 所。

**国夸夸雷利 · 西蒙兹教育集团最近发布2015年最新“世界大学学科排名”。中国大陆有58所大学入选全球顶尖学科前400名，排名第二**

英国高等教育调查机构夸夸雷利·西蒙兹教育集团表示，中国过去几十年来对高等教育的投资开始产生红利。该机构周三公布的本年度世界大学学科排行榜表明，在受评估的 36 门学科中，7 所中国（内地）大学跻身全球前 50 名。

该研究负责人本·索特（Ben Sowter）说，中国大学的成功与更广泛的全球实力格局变化相一致，亚洲教育机构正成为美英的竞争者，尤其是在科学、工程和数学等学科。索特说，中国（内地）和香港的大学在各学科上的排名起

① 杨波．中国 86 所大学跻身前 400 名　入选数量仅次美国位列第二［EB/OL］.（2015-04-29）［2015-07-25］http：//world.people.com.cn/n/2015/0429/c1002-26921136.html.

起伏伏，但总体走势很明显，“这显示出中国内地（高等教育）质量正在提高。换言之，中国越来越能在（本国的）世界级大学内为更多学生提供更多学科的世界级教育。”

**中国内地（高等教育）质量正在提高。换言之，中国越来越能在（本国的）世界级大学内为更多学生提供更多学科的世界级教育**

在亚洲表现最好的高校中，香港大学名列第三，排在新加坡国立大学和东京大学之后。按入选的学科数量计算，美国的大学仍占主导，其中许多最高排名被麻省理工和哈佛夺走。

作为世界最具影响力的全球性大学排名之一，夸夸雷利·西蒙兹教育集团世界大学排名的结果是由1730万学术出版物、超过1亿的引用数据分析以及上万名学者和雇主的意见综合而成，具有一定的权威性。今年，夸夸雷利·西蒙兹教育集团世界大学各专业排行榜以破记录的36个专业排名，新添了兽医、艺术设计、商务拓展在内的6专业，成为该类规模最大的排行榜。

纵观今年的各专业排行榜，中国内地高校入选的学科总数分列全球第五和亚洲第一（日本紧随其后）。在进入前50的大学中，北京大学、清华大学和上海交通大学排名中国前三。在中国大陆地区，清华大学、北京大学依然保持一定的竞争力，更让人可喜可贺的是，其他院校也在排行榜中崭露头角。其中，中国农业大学的农学与森林学学科排名由去年的第43名上升到第18名，超过了东京大学、悉尼大学等许多知名院校。中国人民大学的政治与国际关系专业进入世界前100名的行列。

### （二）英国：中国留学生人数增长反映本土研究生教育的薄弱

爱丁堡大学一项针对中国研究生教育的调查研究显示①，中国当前的研究生教育正在经历一系列的变革，随着高等教育国际化进程的加快，中国的本科毕业生选择出国留学的人数逐年增长。单以留学英国为例，赴英留学的中国学生人数

① Iannelli C, Huang J. *Trends in participation and attainment of Chinese students in UK higher education* [ J ]. Studies in Higher Education，2014，39（5）：805—822.

已从1998/1999年度的4000人增长至2012/2013年度的84000人，增幅达21倍之多。

中国学生出国留学的高潮一方面说明国家对于“增进国际交流”、“构筑本民族核心竞争力”等的要求，另一方面也反映了中国本土的研究生教育存在着越来越多的问题，难以满足学生培养知识能力、拓宽国际视野的需要。

**中国学生出国留学的高潮也反映了中国本土的研究生教育存在着越来越多的问题，难以满足学生培养知识能力、拓宽国际视野的需要**

研究表明，中国的高等教育环境日益“拥挤”，大量学生难以进入满意的学府深造；中国大学所提供的课程与教学质量相对薄弱且呈逐渐下滑的态势；国内劳动力市场竞争激烈，毕业生对于国内研究生教育的文凭和培养出来的能力开始出现质疑的态度；越来越多的中国家庭有能力支付学生出国留学的费用，且有意愿对孩子的教育进行投资；随着高等教育国际化的趋势加强，学生赴国外留学的渠道逐渐畅通。以上种种因素推动了学生“出国热”形势的高涨。目前，中国已成为全世界最大的留学生输出国。

这项研究从侧面反映出中国研究生教育略显薄弱的现状，报告提出建议，政策制定者应当正确评估学生的当前需求与长远需求，并据此对高等教育体系进行评估与调整，才能够真正适应高等教育国际化的需要，构建本民族的核心人才竞争力。

**政策制定者应当正确评估学生的当前需求与长远需求，调整高等教育体系进行，以真正适应高等教育国际化，构建本民族的核心人才竞争力**

该研究也指出，未来10年内，英国大学在国际研究生招生方面将越来越依赖中国市场。[①]这段时间内英国仍然是除美国以外，世界上最大的留学目的国（研究生阶段），其国际研究生总人数将由2013年的8.3万增长至2024年的24.1万。然而，研究也表明，相较于2007—2012年4.1%的年增长率，未来10年内，英国大学国内招生的年增长率下降至平均3.5%。

调查数据显示，英国留学生对英国研究生人数增长的贡献率为44%。[②]报告研究者警示，英国研究生人数的增长过度依赖于中国留学生，这将导致其未来的走势只取决于中国市场的发展。英国文化教育协会的教育信息（Education Intelligence）团队的研究负责人柴纳布·马利克（Zainab Malik）建议，英国研究生招生应采取多样化策略，以确保生源多样化，这不仅可以改善过度依赖中国留学生市场的现状，而且能够加强与深化全球化技能的发展，并推进知识交流。

### （三）英媒：中科院欲机构重组，以改革驱动创新

英国媒体《化学世界》关注中国高等教育的机构改革。该媒体报道称，为改革中国的科学体系，中国科学院（Chinese Academy of Sciences，CAS）计划将重组其100多个研究所、改变薪酬和奖励机制。[③]2014年8月，中国科学院宣布开始新一轮的改革，计划到2023年成为全球科技领域的“领头羊”。院长白春礼表示，中国科学院必须打破其直属研究所组织结构扁平、缺乏专长领域的现状。

**中国科学院必须打破其直属研究所组织结构扁平、缺乏专长领域的现状**

本次改革的主要任务之一就是要将中国科学院现有的104个研究所改革重组、划分为4大类：面向基础研究的卓越中心；面向应用研究与商业化研究的高

---

① British Council（2004）Vision 2020：Forecasting international student mobility; a UK perspective. London：British Council.

② Iannelli，C.and Huang，J.（2013）‘*Trends in participation and attainment of Chinese students in UK higher education*’［J/OL］. Studies in Higher Education，DOI：10.1080/03075079.2012.754863.

③ Hepeng Jia：*China’s science academy launches new reform drive*［EB/OL］. Chemistry World，2014-10-28［2015-07-24］http：//www.rsc.org/chemistryworld/2014/10/chinese-academy-cas-launches-new-reform-drive .

级研究院；面向设施平台的大科学研究中心；面向中国区域问题的研究所。此外，改革的另一项主要任务是提高从事基础研究的科研人员的薪酬，增加经费项目以外的收入来源。白春礼认为，目前部分科研人员过度地追求项目经费，以增加个人收入的情况已经导致科研工作中存在碎片化发展的现象。

**中国科学院104个研究所将重组为卓越中心、高级研究院、大科学研究中心和中国区域问题的研究所4类**

然而，迄今为止，中国科学院还未公布改革方案的具体细节。有学者质疑仅仅依靠机构重组是否能真正重振中国科学院。也有学者认为，由于中国科学院肩负不同的社会职能，要想真正实施一个统一的改革方案将会十分困难。

### （四）国际比较视角下的中国研究生教育质量

2014 年 9 月，剑桥大学教师克拉克（Gillian Clarke）和伦特（Ingrid Lunt）向英格兰国家教育财政委员会提交了一份题为《研究生教育的国际比较：质量、入学情况和就业情况》的报告。[①] 报告主要从研究生教育质量、入学情况和就业情况三个方面审视了澳大利亚、英格兰、德国、印度、挪威、苏格兰、西班牙和美国这八个国家 / 地区的研究生教育情况。

**在高等教育全球化、国家之间对人才竞争的压力下，每个国家都将教育质量放在首要地位**

在高等教育全球化、国家之间对人才竞争的压力下，每个国家都将教育质量放在首要地位。为了提高教育质量，各个国家都采取了不同的监管办法。在英格兰，高等教育质量保障局（Quality Assurance Agency for Higher Education，QAA）制定了一套清晰、详尽的质量保障体系，并由英格兰高等教育基金委员

① Gillian Clarke，and Ingrid Lunt. "*International comparisons in postgraduate education*：*quality*，*access and employment outcomes*." [R]. 2014.

会（Higher Education Funding Council for England，HEFCE）实施监督。德国、挪威和西班牙依照欧洲高等教育质量保障协会（European Association for Quality Assurance in Higher Education，ENQA）的相关条例，制定各自的高等教育质量保障体系。此外，一套适用于欧洲各个国家的高等教育资格框架（包括英格兰在内）在欧洲高等教育区资格框架（Qualifications Frameworks in the European Higher Education Area，QF-EHEA） 与 欧 盟 框 架（European Qualifications Framework，EQF）的基础上被建立起来，使这些欧洲各国（包括英格兰）在高等教育政策上实现了一致。报告中所提及的 8 个国家/地区中有 6 个国家/地区（澳大利亚、英格兰、德国、挪威、苏格兰和西班牙）的研究生教育采用国内或者国际资格框架。对美国和印度来说，其研究生教育的国际可比性则通过研究生跨国深造、就业等途径来体现。

除此之外，每个国家都关注研究生入学资格的标准和学生学业质量情况，同时尽可能保证研究生数量的扩张不影响研究生的招生质量。

报告在很多方面对 8 个国家 / 地区的研究生教育质量进行了比较，在一些指标的统计上也将中国、印度、巴西、俄罗斯、南非等“金砖国家”的研究生教育质量情况统计在内。以下两张统计图能够反映出中国在某些领域的发展情况和排名情况（图 5–1、图 5–2）。

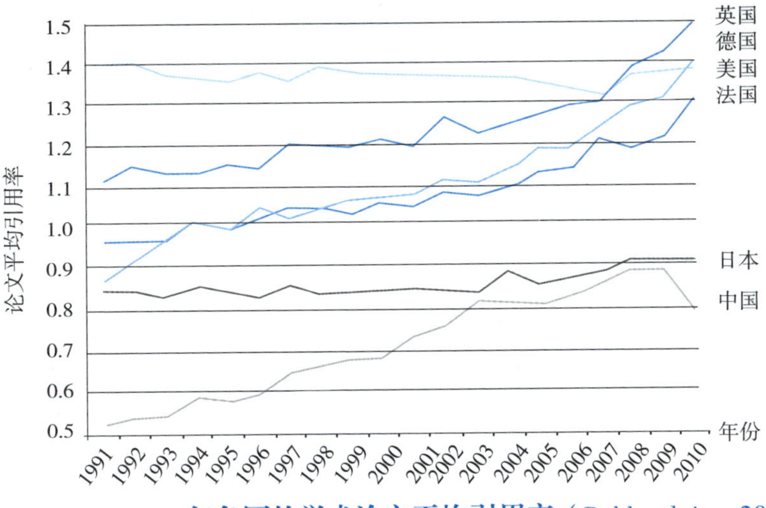


**图5–1 1991—2010年各国的学术论文平均引用率**（Bekhradnia，2013）

从图 5–1 中可以得出，中国的学术论文平均引用率在报告中提及的 8 个国家中处于最低水平。这说明国内学术研究的国际影响力仍有待提高。由此可见，中国的学术研究还应进一步提高原创性水平，增强对世界的学术影响力。

从图 5-2 中可以得出，中国获得博士学位的人数在国际比较中处于领先水平，博士生招生数也增长迅速。

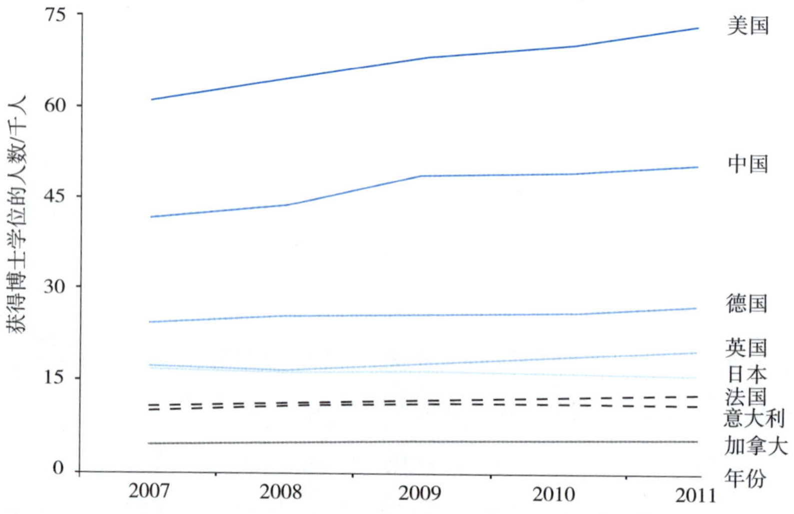


**图5-2　2007—2011年各国获得博士学位的人数**

然而，有学者认为，① 博士作为学历教育的“塔尖”层次，其教育水平不仅反映一国最高教育水平和科研水平，也影响着一国知识创新能力和学术水准。如果保持博士的高数量、高增长，长此以往，不仅难以保证博士生的质量，还会带来博士生就业难问题，出现“高学历，低就业”现象。博士“泛滥”不仅是教育界对社会的不负责任，更是对国民教育资源的乱砍滥伐。

## 二、国外研究生教育动态

### （一）研究生培养质量——就业前景的国际比较

1. 欧洲：参与“伊拉斯谟计划”的毕业生就业前景乐观

据欧盟网站 2014 年 9 月 22 日报道，欧盟于 2014 年 9 月 15 日发布了《伊拉

① 薛进文 . 加强人才队伍建设　推动高校科学发展［J］. 中国高等教育，2007（22）：11—12+25.

斯谟影响研究》（Erasmus Impact Study，EIS）调查报告[①]。报告发现，伊拉斯谟项目提高了学生的就业能力，对学生的未来职业和生活都有很大影响；伊拉斯谟项目也有助于提高教师的教育质量，提升高等教育机构的国际化水平。[②]

**伊拉斯谟项目提高了学生的就业能力，对学生的未来职业和生活都有很大影响；也有助于提高教师的教育质量，提升高等教育机构的国际化水平**

《伊拉斯谟影响研究》主要有两个目的：一是分析伊拉斯谟学生流动性对个人技能提高、就业能力发展的影响；二是调查伊拉斯谟项目对教师个人能力、个性品质和态度的作用，以及该项目对高等教育机构国际化的影响。为此，欧盟专家进行了大规模研究。为了得到有效的数据，2013 年，研究专家发起了 5 次在线调查，来自全球 34 个国家的 56733 名学生（包括参加和未参加伊拉斯谟项目的流动学生以及非流动学生）、18618 名毕业生（83% 是流动学生）、4986 名教师员工（学术和非学术、流动和非流动）、964 个高等教育机构以及 652 名雇主（其中 55% 是中小企业）参加了问卷调查。回收问卷共计 78891 份。

为了解经过海外学习后学生和员工技能发展的真实水平，EIS 主要采用了与就业能力密切相关的 6 项指标来衡量，分别是：对差异的容忍（对其他文化和思想观念的接受程度和适应性）；好奇（对新体验的开放程度）；自信（相信自己的能力）；从容（认识到自己的优点和缺点）；决心（能够做出决定）；活力（能够解决问题）。这 6 项指标是个性品质的主要特征。此外，报告还对学生、员工、高等教育机构和雇主有关自身得到提高或发展的自我感知进行了分析。

（1）学生为什么参加伊拉斯谟项目

对于学生为什么参加伊拉斯谟项目的调查表明：超过 90% 的学生最主要的动因是希望通过国外生活的体验来提高自身的能力，如适应性或语言水平；其次是通过海外经历提高就业能力，这一比例占 85% 以上。

---

① Peta Lee. *Employment prospects rosier for Erasmus graduates*［EB/OL］. University World News，2014-09-24：336［2015-07-25］. http：//www.universityworldnews.com/article.php？ story=20140924163632358.

② 董筱婷 . 欧盟发布《伊拉斯谟影响研究》调查报告［J］. 比较教育研究，2014（11）：110—112.

在没有参与流动的学生中，只有 14% 的学生是因为没有获得项目资助，这表明伊拉斯谟项目是一个非竞争性的流动项目。没有参与流动的学生中，超过 50% 的学生是由于缺乏资金和必要的人员关系没有参与海外交换项目。此外，调查显示，62% 没有参与流动的学生是来源于非知识背景家庭，而在参与伊拉斯谟项目的学生中，这一比例占 46%。

（2）伊拉斯谟项目如何提高就业能力

2006—2013 年，认为海外经历对就业能力重要的雇主比例从 37% 提高到 64%。此外，92% 被调查的雇主认可与就业能力相关的上述 6 项重要的个性品质指标。EIS 分析了学生海外流动经历对这些技能的影响。结果发现：参与伊拉斯谟项目的学生比非流动学生这 6 项得分普遍要高——即使是出国交流之前。在伊拉斯谟项目结束之后，伊拉斯谟项目学生比非流动学生体现出来的优势也很明显。以往的研究表明，个性品质一般是稳定的且很少改变，然而伊拉斯谟项目学生在出国前后的改变还是非常明显的。

根据 6 项指标的测量，51% 的流动学生提高了就业能力；而且，81% 的伊拉斯谟项目学生认为他们的能力有所提高。这也反映了在分析流动性影响时自我认知和测量结果之间对比的差异。

研究还调查了流动性对与就业能力相关的其他技能的影响。超过 90% 的学生认为，他们的“软技能”得到了提高，如对其他国家的认知能力、与不同文化背景人的交流能力以及工作的能力、适应能力、外语能力等。此外，99% 的高等教育机构认为，它们的学生在经过海外伊拉斯谟项目之后，自信心和适应能力有了相当大的提高。

（3）伊拉斯谟项目如何影响学生的未来职业和社会生活

除了技能，EIS 还分析了伊拉斯谟项目对学生工作年限和职业流动性的影响。超过 1/3 的学生在参加伊拉斯谟项目后得到了“东道主公司”（host company）提供的工作。而且，这项经历似乎还有助于促进创业：已经工作的学生中有 1/10 准备开公司，超过 3/4 的学生计划创业。

流动性似乎也对就业率有影响。与没有去过国外的学生相比，流动学生长期失业的情况要减少一半。即使毕业 5 年后，流动学生失业率的情况也要比非流动学生低 23%。在被调查的雇主中，64% 的雇主认为有国际背景的毕业生可能更具备职业责任感。在对伊拉斯谟项目毕业生的调查中，毕业 10 年的学生中有 77% 的人担任了领导职位，而且 44% 参与伊拉斯谟项目的毕业生比非流动学生更有可能担任管理职位。

报告称，学生流动性也会促进未来工作的流动性。在参加过海外交流的毕业生中，40% 的被调查者在毕业后至少移民过一次，而非流动学生的这一比例为 23%。此外，93% 的流动学生设想过在国外生活，非流动学生的这一比例为 73%。而且，往届的伊拉斯谟项目学生比非流动学生更换工作的比例要高两倍。超过 80% 的伊拉斯谟项目学生表示有强烈的欧洲情结。

（4）伊拉斯谟项目对教职人员和高等教育机构有何好处

总的来说，大多数高等教育机构都认为伊拉斯谟项目是为学生提供的最有战略价值的教育项目。在各种伊拉斯谟项目中，学生的流动被认为是高校国际化最重要的部分（83%）。

关于员工流动性影响的分析，流动的员工比非流动员工在 6 项个性品质中有 5 项有显著性差异。超过 70% 的员工认为，海外交流带来最重要的改变是他们的知识和技能水平的提高。在学术性人员中，81% 的教师认为交流经历对教学质量的提高以及多学科和跨机构教学合作有积极影响。

2. 经济合作与发展组织：就业和学历关系密切

根据经济合作与发展组织（OECD）《2014 年教育概览报告》（*Education at a Glance* 2014），世界范围内，本科及以上人群的就业率超过 80%，而高中学历以下人群的就业率则不足 60%。在技术进步的影响下，全球劳动力市场对高技术工人和高学历人群的需求增加，教育程度低的人群面临较高的失业风险。在过去的 15 年间，各经合组织成员国的就业率与该国接受高等教育人群的比例呈正比，高等教育人群比例高的国家，其就业率也高。

## 世界范围内，本科及以上学历人群就业率超过80%

据经济合作与发展组织网站 2014 年 9 月 9 日报道，经济合作与发展组织发布了《2014 教育概览》（*Education at a Glance* 2014）。该报告指出，在全世界范围内，尽管受教育机会不断增加，但是受过高等教育（第三级教育）的成人与其他人之间的社会经济差距却一直在拉大。[①] 报告指出，各国政府必须努力采取更多行动来确保每个人都能够获得相同的优质教育机会。现在，教育的流动性在工业化社会中已经开始减速。低技能水平的人口数量比例是：55—64 岁人口中占 9%；35—44 岁人口中占 12%，25—34 岁人口中占 16%。另外，25—34 岁年轻人中，第三级教育的可获得率上升到 43%。父母的受教育程度对子女接受高等教育的影响非常大：父母中至少有一人受过高等教育的年轻人中有 65% 获得了高等教育学位，而父母受教育水平低下的年轻人中，仅有 23% 获得了高等教育学位。这些数据显示，教育扩张并未能将社会转化为一个更加包容的世界。

**在全世界范围内，尽管受教育机会不断增加，但是受过高等教育（第三级教育）的成人与其他人之间的社会经济差距却一直在拉大**

经合组织秘书长安吉尔·葛利亚（Angel Gurría）指出，“教育能够将人们从贫穷与社会排斥中拯救出来，但是我们需要打破教育机会与社会背景之间的联系”。“包容性发展的最大威胁是社会流动的停滞，而增加每个人的受教育机会和继续提高人们的技能水平有利于促进世界的长期繁荣，提升社会的凝聚力”。

该报告还指出，在就业与收入方面，高水平的教育与技能比以往任何时候获得了更多的回报。[②]就OECD国家平均水平而言，25—64 岁受过高等教育的人中，仅有 5% 的人没有成功就业。相比之下，没有受过高等教育的人中则有 14% 的人没有找到工作；2000 年，这两大群体之间的差距减少了 4 百分点。但有关收入方面的新数据显示，教育的“富人”（haves）与“穷人”（have-nots）之间的差距日渐扩大。2000—2012 年，受过中等教育的人与受过高等教育的人之间的相关收入差距是受过中等教育的人与受教育程度低（受初中以及初中以下教育）

① 张婷婷 . 经济合作与发展组织发布《2014 教育概览》[ J ]. 比较教育研究，2014（11）：109—110.

② Geoff Maslen. *The value of a degree in the marketplace* [ EB/OL ]. University World News，2015-01-16：350 [ 2015-07-24 ]. http：//www.universityworldnews.com/article.php？ story=20150114150046889.

的人之间差距的两倍。这意味着，相对而言，受过中等教育的成人收入接近受教育程度低的成人收入，这也表明中产阶级的收入在进一步下降。

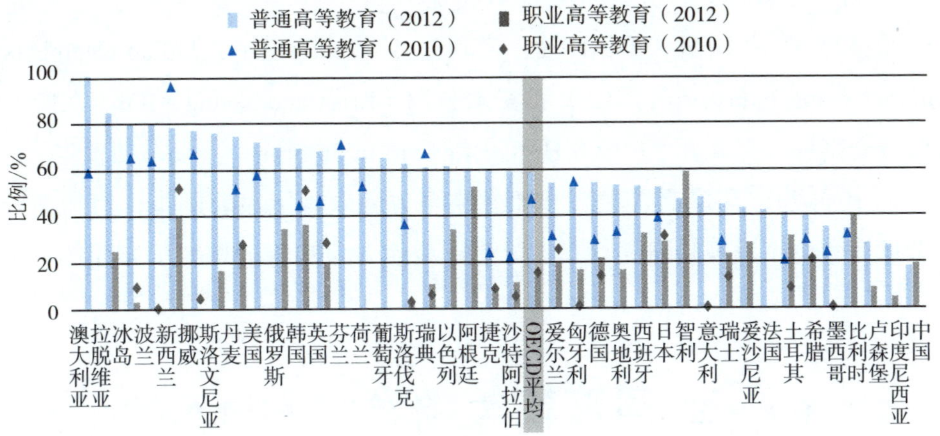


**图5–3　39国普通高等教育和职业高等教育实施情况**

这份报告分析了 34 个 OECD 成员国以及阿根廷、巴西、中国、哥伦比亚、印度、印度尼西亚、拉脱维亚、俄罗斯、沙特阿拉伯与南非等其他 10 个非成员国的教育体系。

《2014 教育概览》还从受教育程度、教育支出等方面得出以下重要结论。

受教育程度：①当今的年轻人中约有 84% 将完成高中教育。在大部分国家，与男性相比，当今的年轻女性更有可能完成高中教育，实现历史性的突破。②在 OECD 国家，25—34 岁的人口中，接近 40% 的人获得大学水平的教育，比 55—64 岁人口中的这一比例高出 15 百分点。而在很多国家，这一差异甚至超过了 20 百分点。③受过高等教育者的收入可能是中等阶层（the median worker）的两倍。在智利、巴西与匈牙利，受过第三级教育的人收入比没有完成高中教育者的收入高两倍还多。

教育支出：①从初等教育到高等教育，OECD 国家的生均经费为 9487 美元，其中，小学生生均为 8296 美元，中学生生均为 9280 美元，大学生生均为 13958 美元。②在中等教育机构生均经费支出最多的 10 个国家里，其主要原因是教师的高额薪水和低生师比。③ 2011 年，OECD 国家平均将其 GDP 的 6.1% 用于教育。公共经费占整个教育机构支出总额的 84%。按照固定价格计算，2008—2011 年，仅有 6 个国家削减了教育公共支出：爱沙尼亚（–10%）、匈牙利（–12%）、冰岛（–11%）、意大利（–11%）、俄罗斯联邦（–5%）、美国（–3%）。

3. 印度：高校毕业生就业情况令人担忧

2014 年 11 月 13 日，根据印度工商联合会（Federation of Indian Chambers of Commerce and Industry，FICCI）和安永公司（Ernst and Young，EY）在印度工商联合会高等教育峰会（FICCI Higher Education Summit）上发布的报告①，在过去的 10 年里，印度高等教育体系在招生方面取得了显著进步，但在高等教育全球竞争力（重视科研文化、人才创新及企业家精神的培养）方面还有很大的差距。

**在过去的10年里，印度高等教育体系在招生方面取得了显著进步，但在高等教育全球竞争力（重视科研文化、人才创新及企业家精神的培养）方面还有很大的差距**

报告还指出印度高校毕业生就业难的问题：就业率低主要受到过时的课程内容、优秀师资的短缺、校企合作缺失等因素的影响。报告还发现，大多数印度高校忽视科研和校园文化的培养。此外，很少有高校为学生提供创业项目，培养学生的企业家精神，这也导致印度高等教育全球竞争力不足的原因之一。据报告显示，印度计划到 2030 年，超过 20 所大学可以入围全球大学排名前 200，研究与专利排名跻身前 5，毕业生就业率达到 90%。

4. 英国：数百名博士毕业生竞争一个科研职位

《泰晤士高等教育》（*Times Higher Education*）组织的一项调查结果显示②，英国顶尖大学中的每个科研职位有多达 200 位竞争者。数据显示，尽管近期很多大学启动精英项目以招收优秀的博士毕业生，但面对数量有限的博士后职位，博士

---

① M Saraswathy. *Employability of graduates big concern，says FICCI–EY report* [EB/OL]. Indian Business Standard（2014-11-13）[2015-07-24]. http：//www.business-standard.com/article/management/employability-of-graduates-big-concern-says-ficci-ey-report-114111301099_1.html.

② JACK GROVE. *Hundreds of PhD students chasing every early career post*[EB/OL]. Times Higher Education（2014-11-06）[2015-07-24]. http：//www.timeshighereducation.co.uk/news/hundreds-of-phd-students-Chasing-every-early-career-post/2016799.article

毕业生之间的科研职位竞争依然非常激烈。

**英国顶尖大学的博士毕业生之间的科研职位竞争依然非常激烈**

2013—2014 年度，剑桥大学的卡莱尔学院（Clare College，Cambridge）发布的一个初级研究员职位（自然科学领域），就有多达 230 人申请；其 2012—2013 年度发布的三个科研职位，吸引了 657 位申请者。罗素大学集团（RussellGroup）的其他成员大学所发布的科研职位也都吸引了大量申请者。2012—2013 年度，华威大学（University of Warwick）发布的 5 个博士后科研职位收到了 116 名符合条件的申请者。而可以转为正式教职的科研岗位则吸引了更多的申请者。例如，伯明翰大学（University of Birmingham）的研究员计划，在其实施的第一年，50 个科研职位收到了近 1400 份申请。

学术职业发展组织维塔（Vitae）的主任艾莉森·米切尔（Alison Mitchell）表示，在英国，大学科研职位的竞争是非常激烈的。本土的博士毕业生需与来自世界各地的优秀杰出人才同台竞技。帝国理工学院（Imperial CollegeLondon）研究生项目主任伊莱恩·沃尔什（Elaine Walsh）认为，在支持博士生学术理想的同时，还应该给予博士生就业指导、鼓励博士生寻求学术以外的职业发展机会。

### （二）研究生教育规模——培养人数的稳定增长

1. 美国：国际研究生人数的增加有助于维持研究生整体人数的稳定[①]

根据美国国家教育数据统计中心（National Center for Educational Statistics，NCES）2015 年的统计报告，[②]美国 2012—2013 年度的硕士学位授予量为 75.2 万人，博士学位授予量为 17.5 万人（图 5–4、图 5–5）。2013 年秋季，共 290 万人学生入学攻读硕士或博士学位。2014 年秋季入学的硕士及博士人数预计会有 20% 的增长，达到 350 万人。

---

① CHRIS PARR. *Overseas students help keep postgraduate numbers stable in US* [EB/OL]. Times Higher Education (2014-09-22) [2015-07-24]. http://www.timeshighereducation.co.uk/news/overseas-students-help-keep-postgraduate-numbers-stable-in-us/2015880.article.

② Pubs E D. *National center for education statistics* [R]. 2015.

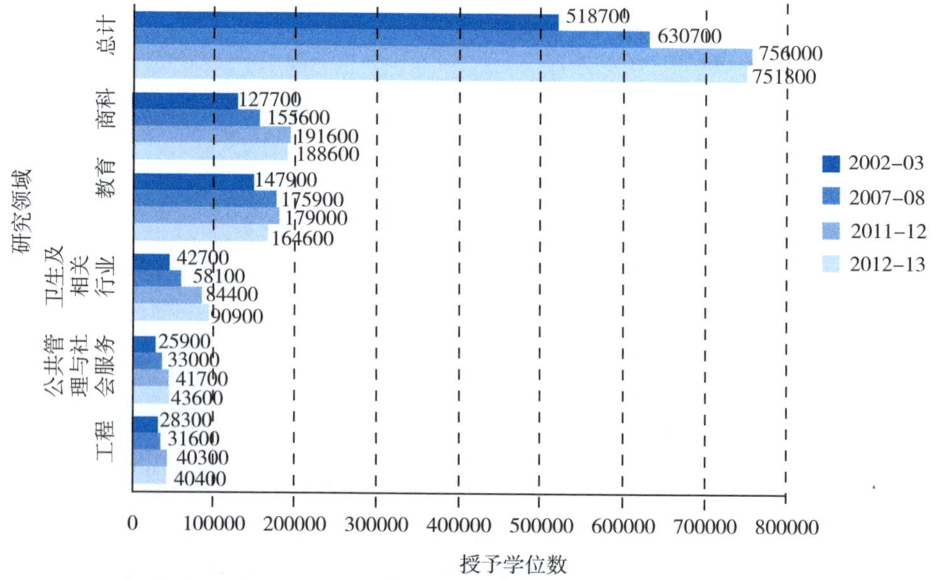


**图5–4　美国硕士学位授予量（分学科）**①

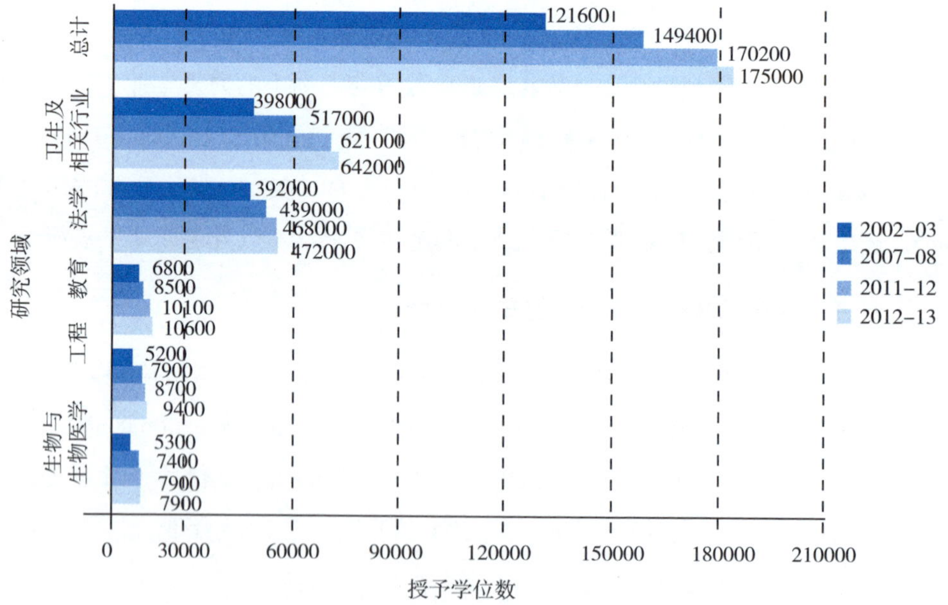


**图5–5　美国博士学位授予量（分学科）**②

① Grace Kena，Xiaolei Wang，Amy Barmer，et al. *The condition of education* 2015. *NCES* 2015-144［J］. National Center for Education Statistics，2015：P204

② Grace Kena，Xiaolei Wang，Amy Barmer，et al. *The condition of education* 2015. *NCES* 2015-144［J］. National Center for Education Statistics，2015：P205

美国研究生委员会（Council of Graduate Schools，CGS）发布的《年度全美研究生录取趋势》（*Trends in US Graduate Enrollment*）显示，随着国际研究生入学人数的增加，全美研究生入学人数持续增长。2012—2013 学年，尽管美国国内新入学研究生人数下降了 0.9%，但全美新入学研究生总数增加了 1%。

**2012—2013 学年，尽管美国国内新入学研究生人数下降了0.9%，但全美新入学研究生总数增加了1%**

美国研究生委员会主席苏珊娜·T·奥特加（Suzanne T.Ortega）女士认为，国际学生人数的迅猛增长不仅对美国研究生教育和科研做出重要贡献，同时也能帮助美国经济的发展。

目前，美国对研究生学历人才的需求与日俱增，然而新入学研究生增长速度远远低于高学历工作增长的速度。为满足经济发展的需要，苏珊娜主席建议美国应加大对研究生教育的投入，给予更多财政上的支持。

据悉，在新入学国际研究生专业方面，攻读商科人数占总人数的 17.6%，教育学科占 17.4%，健康科学学科占 12.9%；而物理和地球科学学科、农业和生物科学学科，数学和计算机科学学科仅分别占 2.8%、4.8%、6.2%。

2. 爱尔兰：高等教育实行新措施，大量增加博士在读生与毕业生的数量

爱尔兰高等教育实行新措施，大量增加博士在读生与毕业生的数量。[①] 爱尔兰高等教育局的调查数据 [②] 显示自从 2009 年以来，博士毕业生的数量一直在增加，但是开始和正在攻读博士学位的学生数量却下降了几乎 1/10。人数下降最大的领域是科学、数学及计算机，这几个领域中的博士入学人数从 2009 年的 2755 人下降到 2014 年的 2136 人。2014 年，全年爱尔兰博士在读生共计 7898 人，而 2009 年的数字是 8641 人。

鉴于这种情况，爱尔兰高等教育局（HEA），与爱尔兰技术学院、爱尔兰大学学会以及都柏林理工大学一起，发起了一项的方案来解决这个问题。爱尔兰国

---

① 爱尔兰采取新举措增加博士生数量［EB/OL］. 爱尔兰吧（2015-06-24）［2015-07-24］. http：//www.ireland8.com/.

② 同①

家博士教育机构将为博士毕业生的雇主及高等教育机构提供博士教学质量和技能水平的保证。高等教育局称博士教育机构必须保证人才储备，这对爱尔兰经济发展至关重要。

## （三）第三世界国家的研究生教育质量

在亚洲地区，高等教育招生规模经历了快速膨胀的20年，在校学生人数从1980年的2000万升至2011年的8400万。为适应招生规模的不断扩大，研究生项目随即迅猛增加。许多国家的政府将大学视为能够积极作用于国家经济发展的科研中心，而大学科研活动一般都在研究生层次进行。因此，扩大研究生教育可被视作增强国家经济竞争力的方法。

2014年，由联合国教科文组织统计学研究所（the UNESCO Institute for Statistics）出版的《亚洲高等教育：扩大再扩大》（*Higher Education in Asia：Expanding Out：Expanding Up*）针对东南亚中等收入国家分析揭示其研究生教育发展的动力机制。[①]

1. 泰国：增加研究生教育投入

泰国的研究生招生人数，从2007年的193000增长到2012的196000。政府相信对研究生教育进行投入有助于本国经济发展，科研竞争力是反映该国人力资源产出和质量的重要指标。为达到这个目的，2009年泰国教育部额外增加了120亿泰铢（约3.7亿美元）启动“国家研究型大学计划”（the National Research Universities Project）。目前，有9所大学被选入这一计划。这些研究型大学被期待获得更高的世界大学排名。

投入研究生教育可以产生期待的结果，顶尖院校不但需要成为好学校而且必须在国际上受到认可。诸多受访者视国际大学排名为赢得国际关注与尊重的一条路径。由于论文发表指数是大多数国际大学排名体系中的关键指标，因而向教师施加压力在国际顶级期刊发表论文就被视为获得较高排名的重要措施。泰国研究型大学强调在顶级期刊上发表论文。研究生是发表论文的重要贡献者，他们既能

---

① Yojana Sharma. *Rise of postgraduate education fuels Asia' s economies – UNESCO* [EB/OL]. University World News（2014-05-09）[2015-07-24]. http：//www.universityworldnews.com/article.php ?story=20140509113133401.

参与教师们的研究又可以完成攻读学位的发表论文要求。泰国一些重点院校博士生需要在期刊上发表研究成果才能毕业。

**马来西亚的研究生招生人数已在过去10年增长了400%**

2. 马来西亚的研究生招生人数 10 年增长 400%

马来西亚的研究生招生人数已在过去 10 年增长了 400%，2000 年招生人数为 21100，2010 年为 85200。[①] 这一增长正反映出政府优先发展研究生教育的战略，旨在增强本土研究能力，减少对外国公司开展的企业研究的依赖。2012 年，马来西亚有 21000 人拥有博士学位，根据政府制定的《高等教育发展战略》，至 2020 年计划博士学位人数达到的 100000（包括国内、国外培养以及联合培养的博士生）。马来西亚公立研究型大学的高层管理者、教师以及教育部和区域性国际组织官员在接受访谈时认为，在教育上的大量投入能培养出受过良好训练的劳动力。他们会吸引国际投资，推动国家经济发展。

为支持这一优先发展政策，政府向研究生教育施以慷慨投入。在 2008 年和 2009 年，政府指定了 5 所研究型大学。与前一年度相比，这些学校获得的公共投资增加了 70%。

政府在管理大学时引入了一套针对产出水平的指标体系，其中包括每名教师发表论文数量、教学工作量、拨款和社会服务。马来西亚研究型大学希望通过改善问责和激励机制来提高发表论文的比例，教师们则反映在国际顶级期刊发表论文的压力十分巨大。

3. 泰国和马来西亚研究生教育投入加大的效果不明显

对马来西亚和泰国而言，扩大研究生教育规模的首要措施应是提供适合本科扩招需要的合格教师。然而，在这两个国家，这一举措在很大程度上未得到实施。由于研究生教育能推动国家经济发展，人们关注经济发展又迫使高校要在国际排名中向上努力，从而导致更大的科研压力。这些压力使一些教师将其大量时间和精力投向科研，甚至有时要牺牲教学，反而影响了教学质量。简言之，“扩

---

① Nerad M. *Globalization and the internationalization of graduate education*：*A macro and micro view*［J］. Canadian Journal of Higher Education，2010，40（1）：1—12.

张”已然改变了组织运行机制和教师工作的重要意义。①

4. 东南亚：出国攻读博士学位人数占比很高

在亚洲中等收入和低收入国家，博士学位授予数量低于发达国家，出国攻读博士学位的比例很大。联合国教科文组织统计中心估计，2011 年有超过 60000 名学生从东南亚出国读博。如 2011 年，在越南，国内的博士生招生规模大约是 4000 名，而超过 3400 名人选择出国攻读博士学位。在文莱和尼泊尔，出国留学的博士生人数则超过了在国内攻读博士学位的人数。

根据 2011 年每 100000 居民中硕士、博士毕业生人数统计数，从图 5–6 可以看出，硕士生人数占比韩国、泰国、中国相对高；博士生人数占比韩国、中国、日本则相对高。而亚洲地区其他中低收入国家的研究生毕业人数远远低于发达国家。②

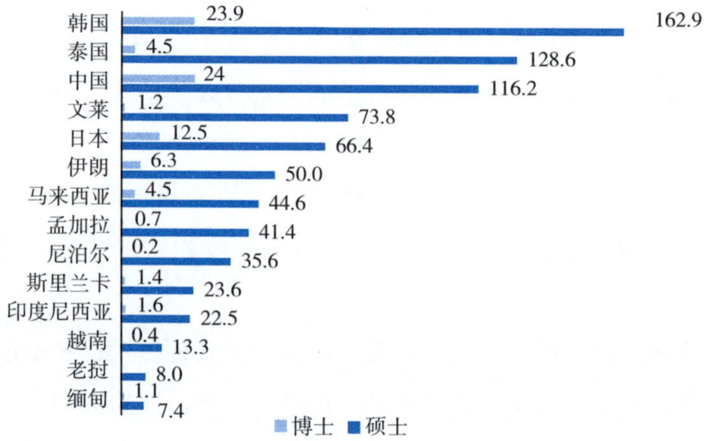


图5–6 2011年亚洲部分国家每100000居民中硕士、博士毕业生人数统计

5. 新加坡研究生教育发展

2014 年 12 月，新加坡教育部关于 2015 年研究生奖学金计划项目召开了相关会议。新加坡研究生奖学金计划目的是为优秀的研究生专业发展提供保证和支持，扶持需要的地区建立专业知识库，该计划覆盖三类职业人群：行政管理人

① Chiao-Ling Chien and David W Chapman. *Expanding graduate education in Malaysia and Thailand* [ EB/OL ]. University World News（2014-06-13）：324. [ 2015-07-24 ]. http：//www.universityworldnews.com/article.php？ Story=20140610125523334.

② UNESCO Institute for Statistics. *Higher Education in Asia：Expanding Out，Expanding Up*[ M ]. Canada：UNESCO Institute for Statistics，2014：32.

员、高级专家和优秀教师。符合条件的人员都可以积极申请奖学金计划资助的具体学科领域的学习以期建立此基础上丰富自己的专业知识，提升自我能力。

为强化专业知识，优化课程评估，突出学科引领作用，新加坡相关部门强烈呼吁加强课程评估计划，提高教学科研能力。除学生以外，高级专家和优秀教师都可以申请特定主题的奖学金，为提高教学水平和掌握课堂教学主动权提供帮助。①

6. 尼泊尔：世界银行批准对尼泊尔高等教育改革的贷款项目②

2015 年 2 月 19 日，尼泊尔高等教育改革项目获批了世界银行 6.5 亿美元的贷款，贷款期限为 38 年（包括 6 年的宽限期）。

据悉，该项目将支持尼泊尔部分高等教育机构的改革，旨在提升教育质量和教育绩效，帮助弱势学生群体争取平等的入学机会。该项目将在以下领域实施改革：加大对高等教育机构的公共资助力度，国家教育认证体系制度化，加强大学自治，完善考试制度，增设学习课程与研究项目以及加大对弱势学生的资助。

**尼泊尔高等教育改革项目将支持尼泊尔部分高等教育机构的改革，旨在提升教育质量和教育绩效，帮助弱势学生群体争取平等的入学机会**

世界银行尼泊尔区域经理拓也·卡玛塔（Takuya Kamata）称，此次贷款项目将支持高等教育机构的重点改革举措，使包括弱势学生群体在内的毕业生更好地掌握符合劳动力市场需求的技能。

7. 非洲：南非拟建泛非大学，吸引优秀人才③

释放非洲领导力大学网络（African Leadership Unleashed，ALU）（致力于培

---

① *Postgraduate Scholarships / Awards for Studies in Year* 2016［EO/OL］.［EDUN S 31-059 V40］（2014-12-02）［2015-07-24］. http：//www.moe.gov.sg/education/scholarships/files/ga-3414-2015-moe-pgs-pga-exercise-circular.pdf.

② *World Bank Approves Financing for Nepal Higher Education Reforms Project*［EB/OL］. Financial（2015-02-20）［2015-07-24］. http：//www.finchannel.com/index.php/world/item/40347-world-bank-approves-financing-for-nepal-higher-education-reforms-project.

③ ANDISWA MAQUTU. *New University to be Africas Rival to Har*［EB/OL］. Business Day（2014-08-18）［2015-07-24］. http：//www.bdlive.co.za/africa/africannews/2014/08/18/new-university-to-be-africas-rival-to-harvard.

养非洲未来领导人的大学网络）的创建人弗雷德·斯瓦尼克（Fred Swaniker）透露，毛里求斯将于2015年开设第一所泛非大学，以满足非洲学生对高等教育的需求。

## 毛里求斯将于2015年开设第一所泛非大学

在肯尼亚股份银行（Equity Bank Kenya）的资助下，肯尼亚将筹建第二所泛非大学。尼日利亚和摩洛哥两国泛非大学的建设也在计划中。释放非洲领导力大学网络将携手可口可乐公司、IBM、波士顿咨询公司等国际知名公司，资助第一所泛非大学的学生。

据悉，由于南非高等教育资金的匮乏，非洲领导力学院（African Leadership Academy，ALA）（一所录取有天赋的，弱势群体学生的非洲高中）超过80%的高中毕业生选择到哈佛、耶鲁以及杜克等海外知名大学深造。

泛非大学将以科技为本，运用高科技实现网络教学，实现学生之间实时的互动。这种教学模式将会先在非洲领导力学院内试运行。剑桥大学评估中心（Cambridge Assessments）的首席执行官西蒙·里伯斯（Simon Lebus）认为，虽然上述教学模式有利于普及学习，但并非适用于所有学科的学习。

# 附录一　2014年中国学位与研究生教育质量要事志

1月8日

国务院学位委员会印发通知，决定在上海市、江苏省、安徽省和广东省开展博士、硕士学位授权学科和专业学位授权类别动态调整的试点工作。随文件下发了《关于开展博士、硕士学位授权学科和专业学位授权类别动态调整试点工作的意见》和《博士、硕士学位授权学科和专业学位授权类别动态调整办法（试行）》，说明了开展动态调整工作的主要原则、动态调整的方式及要求、动态调整学位授权点的批准与复核、动态调整试点工作的组织实施。同时，在文件中说明了动态调整的总则、学位授予单位自主调整及省级学位委员会统筹调整的办法、学位授权点的批准及复核以及其他相关规定。

上海市、江苏省、安徽省和广东省开学科和专业学位授权类别动态调整的**试点工作**

《学位授予单位研究生**教育质量保证体系建设**基本规范》于1月29日颁布

1月29日

国务院学位委员会、教育部下发了《关于加强学位与研究生教育质量保证和监督体系建设的意见》，指出要构建以学位授予单位质量保证为基础，教育行政部门监管为引导，学术组织、行业部门和社会机构积极参与的内部质量保证和外部质量监督体系。文件对于如何强化学位授予单位的质量保证，加强教育行政部门的质量监管，充分发挥学术组织、行业部门和社会机构的监督作用提出了原则性意见。随文件还下发了《学位授予单位研究生教育质量保证体系建设基本规范》，在学位授予单位研究生教育目标与学位授予标准、招生管理、培养过程与学位授予管理、导师岗位管理、研究生管理与服务、条件保障与质量监督、质量管理与质量文化 7 个方面提出了明确的要求。

国务院学位委员会、教育部印发了《学位授权点合格评估办法》和《博士硕士学位论文抽检办法》，供各学位授予单位遵照执行。《学位授权点合格评估办法》共 18 条，对学位授权点评估周期、评估方式、评估的组织实施、评估结果的认定和使用等等方面都进行了规定。《博士硕士学位论文抽检办法》共 12 条，对学位论文抽检比例、抽检方式、评议方式、评议意见的使用等加以规定。

**国务院学位委员会、教育部印发了《学位授权点合格评估办法》和《博士硕士学位论文抽检办法》**

2 月 14 日

国务院学位委员会复函同意武警工程大学军事训练学的硕士学位授予权转由武警指挥学院行使。

2 月 15 日

国务院下发文件，取消和下放了 82 个行政审批项目。其中，教育部取消了国家重点学科审批项目。

**2月15日，教育部取消了国家重点学科审批**

3 月 5 日

由于哈尔滨理工大学在 2014 年硕士研究生全国统一入学考试和该校 MBA 教育中心管理中存在的问题，国务院学位委员会发函，决定撤销哈尔滨理工大学工商管理硕士专业学位授予权。

**撤销哈尔滨理工大学工商管理硕士专业学位授予权**

**3 月 14 日**

教育部、国务院学位委员会发文批准了《< 中观心论 > 及其古注 < 思择炎 > 对外道思想批判的研究》等 100 篇学位论文为 2013 年全国优秀博士学位论文，《汉越语关系语素层次分析》等 273 篇学位论文为 2013 年全国优秀博士学位论文提名论文。

## 100篇全国优秀博士学位论文和273篇全国优秀博士学位论文提名论文名单公布

**3 月 17 日**

国务院学位委员会办公室下发通知，就全国学位与研究生教育质量信息平台试运行工作进行说明。该平台是委托教育部学位与研究生教育发展中心建立的，于 3 月 20 日—5 月 20 日开始试运行，对各省、自治区、直辖市学位委员会办公室和部分高校开放。学位与研究生教育的部分制度文件、学位授权数据、学位授予数据、学位论文抽检结果等信息可在该平台查询。

**3 月 18 日**

国务院学位委员会办公室向相关单位反馈了 2012 年在职人员攻读硕士学位录取考生报考资格的抽查结果。西北工业大学、长春理工大学、天津理工大学、西南大学、广东工业大学、江西农业大学、东北财经大学、东北石油大学、合肥工业大学、西北农林科技大学、西北政法大学、西南交通大学由于存在学历或学位不属实的考生，武汉理工大学、东北大学、上海交通大学存在未按要求提交认证材料的考生而受到通报批评。上述单位将作为 2013 年资格抽查工作的必查单位再次接受抽检，且抽检比例由录取规模的 5% 加大至 10%。其中，连续出现问题的招生单位，将逐年削减该类别招生计划 10%，直至抽查结果全部合格为止。

## 15所高校在在职人员攻读硕士学位录取考生报考资格抽查中受到通报批评

5 月 23 日

教育部学位管理与研究生教育司发出通知，继续实施“高等学校全国优秀博士学位论文作者资助项目”。专项资金对每个资助项目的年资助金额一般为 5 万—15 万元，资助期为 5 年，由教育部和高等学校按 1 ∶ 1 比例配套支持。

5 月 29 日

国务院学位委员会下达了 2014 年审核增列的硕士专业学位授权点及经动态调整撤销的硕士学位授权点名单。此次审核新增了 1209 个专业学位授权点，撤销了 136 个专业学位授权点。被撤销的学位授权点不再招收研究生，待在学研究生毕业后，其学位授予权即予终止。军队学位委员会增列了 86 个专业学位授权点。

**2014年，审核新增了1209个专业学位授权点，撤销了136个专业学位授权点军队增列了86个专业学位授权点**

国务院学位委员会批复同意军队学位委员会的申请，撤销了 15 个博士学位授权点，撤销了 190 个硕士学位授权点。撤销博士学位授予权的学科，不再招收博士研究生，待在学博士研究生毕业后，其博士学位授予权即予终止，硕士学位授予权继续保留；撤销硕士学位授予权的学科，不再招收硕士研究生，待在学硕士研究生毕业后，其硕士学位授予权即予终止。

**撤销了军队高校15个博士学位授权点和190个硕士学位授权点**

6 月 5 日

国务院学位委员会办公室公布了 2013 年在职人员攻读硕士学位录取结果排序名单，说明了录取结果的排序办法和对该录取结果排序情况的运用。该名单中同时公布了被通报批评的单位，它们是中央民族大学、贵州师范大学、天津体育学院、昆明理工大学、桂林理工大学、西安工程大学、东北林业大学、空军工程大学、装备学院、石河子大学、新疆农业大学、延边大学、黑龙江八一农垦大学、南京农业大学、华南农业大学、西南林业大学、华中科技大学、解放军第三军医大学、解放军第四军医大学、新疆医科大学、长沙理工大学、青海民族大学、沈阳师范大学、河南大学、武汉音乐学院、湖北美术学院、天津职业技术师范大学、贵州大学。

**6 月 26 日**

国务院学位委员会、教育部下发《关于开展学位授权点合格评估工作的通知》，决定于 2014—2019 年开展学位授权点合格评估工作。此次评估的范围是 2008 年以前（含 2008 年）获得授权的学术学位授权点和专业学位授权点；2011 年以二级学科学位授权点为基础增列的一级学科学位授权点；2011—2012 年按照《学位授予和人才培养学科目录（2011 年）》对应调整的学术学位授权点和 2009 年以后批准的其他新增学位授权点。评估工作分为两个阶段，2014—2019 年为学位授予单位自我评估阶段，2019 年为教育行政部门随机抽评阶段。通知中还对评估结果的公开和使用加以说明。随通知还下发了《学位点自我评估指南》，将评估内容、组织方式、评估方式、评估结果、改进提升方案和总结报告等事项都做了说明。

**2014—2019年开展学位授权点合格评估工作**

国务院学位委员会、教育部下发《关于开展 2014 年学位授权点专项评估工作的通知》，决定对 2009 年—2011 年获得授权的学术学位授权点和专业学位授权点进行专项评估。通知中规定了此次专项评估的评估范围、评估组织、评估内容、评估方式、评估程序和评估结果的使用。

**6 月 30 日**

教育部、国家卫生计生委、国家中医药管理局、国家发展改革委、财政部、人力资源社会保障部六部委联合发布《关于医教协同深化临床医学人才培养改革的意见》。意见共有 4 个部分，对深化临床医学人才培养改革的指导思想、总体目标、主要举措和保障措施进行了深入阐述。

**6月30日，《关于医教协同深化临床医学人才培养改革的意见》发布**

7月9日

国务院学位委员会批复中国医药集团总公司的申请，同意上海医药工业研究院药学学科博士、硕士学位授予权以及生物化工学科硕士学位授予权，转由中国医药工业研究总院行使。已经招收的研究生仍可由上海医药工业研究院授予学位。

7月14日

国务院学位委员会办公室反馈了2013年博士学位论文抽检的通讯评议结果。被随机抽检的论文是2011/2012学年度全国范围内授予的博士学位论文。通知中列出了存在问题的学位论文名单并附有专家的评审意见。

7月30日

国务院学位委员会批准华中科技大学等高等学校继续开展建筑学学士或硕士专业学位授予工作，南京大学等高等学校继续开展城市规划硕士专业学位授予工作；新增青岛理工大学等5所高等学校开展建筑学硕士专业学位授予工作，新增广东工业大学等4所高等学校开展建筑学学士专业学位授予工作，新增大连理工大学等3所高等学校开展城市规划硕士专业学位授予工作。

9月4日

国务院学位委员会办公室下发通知，决定对63所学士学位授予单位开展培养硕士专业学位研究生试点工作的单位进行中期考核。通知中对考核的组织、考核内容及方式、具体工作安排加以说明。

9月5日

国务院学位委员会同意北京联合大学新增临床医学（中医）硕士专业学位授权点。同时，指出培养领域仅限于针灸推拿，招生、培养对象仅限于视障人员并按照国家有关规定，纳入盲人医疗按摩人员管理。

10月30日

国务院学位委员会办公室委托教育部学位与研究生教育发展中心承担“研究生培养质量反馈调查项目”，主要调查已完成学业即将毕业离校的研究生和毕业后已工作一段时间的研究生。今后调查将逐步扩展到毕业研究生追踪调查。该项目每年开展一次，以逐步建立研究生培养质量反馈调查机制。

## 11月5-6日，全国研究生教育质量工作会议暨国务院学位委员会第三十一次会议在北京召开

11 月 5—6 日

全国研究生教育质量工作会议暨国务院学位委员会第三十一次会议在北京召开。中共中央政治局委员、国务院副总理、国务院学位委员会主任委员刘延东在会上作了重要讲话，充分肯定了近年来我国学位与研究生教育改革和发展取得的成绩，强调要进一步明确研究生教育的战略地位，牢固树立科学的研究生教育质量观，加快推进研究生培养模式改革，建立健全质量保障体系，全面提高研究生教育质量。国务院学位委员会第三十一次会议的主要议题是：①学习贯彻延东同志重要讲话精神，围绕质量主题，交流研讨提高研究生教育质量的经验做法和思路举措；②听取并审议杜占元秘书长所作的《关于第三十次会议以来开展的主要工作和下一阶段工作的考虑》；③审议《国务院学位委员会第七届学科评议组成员名单》；④审议《关于调整学位证书制发方式和管理办法的意见》；⑤审议《中医专业学位设置方案》；⑥审议《关于将“农业推广（暂用名）硕士”定名为“农业硕士”的报告》；⑦讨论《关于加强专业学位研究生联合培养基地建设的意见》《关于加强专业学位研究生案例教学的意见》《关于加强学术学位研究生课程建设的意见》《关于做好研究生担任助教、助研、助管和学生辅导员工作的意见》4个文件。会议同时审议通过了《关于第三十次会议以来开展的主要工作和下一阶段工作的考虑》《国务院学位委员会第七届学科评议组成员名单》《关于调整学位证书制发方式和管理办法的意见》《中医专业学位设置方案》和《关于将“农业推广（暂用名）硕士”定名为“农业硕士”的报告》。

## 11月27日“医教协同深化临床医学人才培养改革工作推进会”在京召开

11 月 27 日

教育部、国家卫生计生委、国家中医药管理局在北京联合召开“医教协同深

化临床医学人才培养改革工作推进会”。会议的主要任务是贯彻落实教育部、国家卫生计生委、国家中医药管理局等六部门联合印发的《关于医教协同深化临床医学人才培养改革的意见》精神，深化医药卫生体制改革，着力构建“5+3”为主体的标准化、规范化现代医学教育体系，全面部署医教协同深化临床医学人才培养改革工作，推进临床医学教育综合改革。有关部委司局和省级教育、卫生计生、中医药部门有关负责人，41 所高校、23 个医院主要负责人以及特邀专家等 200 余人出席了会议。

12 月 5 日

教育部下发了《关于改进和加强研究生课程建设的意见》(以下简称《意见》。文件共分 10 个部分、20 条。在《意见》中指出，各研究生培养应进一步明确加强研究生课程建设的重要意义和总体要求，强化研究生培养单位的课程建设责任，构建符合培养需要的课程体系，建立规范、严格的课程审查机制，加强研究生选课管理，改进研究生课程教学，完善课程考核制度，提高教师教学能力和水平，加强课程教学管理与监督，强化政策和条件保障。

**教育部下发《关于改进和加强研究生课程建设的意见》**

教育部下发了《关于做好研究生担任助研、助教、助管和学生辅导员工作的意见》。该文件共有 13 条，要求各研究生培养单位要重视发挥“三助一辅”对研究生能力培养的重要作用，强化和落实培养单位的主体责任，建立完善管理服务体系，进一步加强政策配套和条件保障。

国务院学位委员会办公室下发通知，委托国务院学位委员会学科评议组和全国专业学位研究生教育指导委员会组织实施 2014 年学位授权点专项评估工作。

**2014年学位授权点专项评估工作开始实施**

12 月 8 日

教育部学位管理与研究生教育司发出通知，决定支持部分研究生培养单位开展研究生课程建设试点工作。通知对试点工作的目的、试点工作的要求、试点工作的组织管理提出了明确要求。

12 月 22 日

在中国学位与研究生教育学会成立二十周年纪念大会上，颁发了 2014 年中国学位与研究生教育学会研究生教育成果奖。共有 41 项研究成果受表彰。

**12月22日中国学位与研究生教育学会研究生教育成果奖颁发**

# 附录二　2014年（第四届）中国学位与研究生教育学会优秀博士学位论文名单

为激发学位与研究生教育相关学科博士研究生的创新能力，鼓励相关学科研究生创造高质量的科研成果，提高研究生的培养质量，提升我国研究生教育研究水平，推动学位与研究生教育相关学科建设，2014 年，中国学位与研究生教育学会开展了第四届“学位与研究生教育优秀博士学位论文评选”工作。

2014 年“学位与研究生教育优秀博士学位论文评选”的评选对象为 2013 年 1 月 1 日至 2013 年 12 月 31 日在国内获得博士学位者所撰写的学位论文，论文内容与学位与研究生教育和管理等内容相关。

评选工作由中国学位与研究生教育学会统一领导，中国学位与研究生教育学会评估委员会组织实施。根据《学位与研究生教育优秀博士学位论文评选办法》，经过各项评选程序，以下 3 篇论文被评为 2014 年（第四届）学位与研究生教育优秀博士学位论文（下表）。

**第四届学位与研究生教育优秀博士学位论文名单**

| 单位 | 论文作者 | 指导教师 | 论文题目 |
| --- | --- | --- | --- |
| 华东师范大学 | 马爱民 | 徐斌艳 | 国际比较视野下的教育博士发展研究 |
| 清华大学 | 刘帆 | 袁本涛 | 学者的养成：中美博士生学术品性比较研究 |
| 西南大学 | 袁潇 | 徐辉 | 美国公立高等院校内部问责制研究 |

# 附录三　2014年中国学位与研究生教育学会研究生教育成果奖

为鼓励教育创新，深化教育改革，促进研究生培养质量的持续提高，中国学位与研究生教育学会于 2014 年设立了“中国学位与研究生教育学会研究生教育成果奖”，决定每两年评选一次，奖励在研究生教育的理论研究与教育教学实践工作中开拓创新、做出突出贡献、取得显著成效的集体和个人。

2014 年，学会秘书处收到来自全国从事研究生教育工作的单位和个人申报教育成果奖 256 项，按照评选办法，经过形式审查、网络评议、复评答辩、审核批准等程序确定最终入选成果 41 项。获奖名单见下表。

**2014年中国学位与研究生教育学会研究生教育成果奖获奖项目表**

| 奖项等级 | 获奖项目名称 | 获奖单位 | 获奖者姓名 |
| --- | --- | --- | --- |
| 特等奖 | 医学免疫学研究生拔尖创新人才“思行”培养模式的探索与实践 | 第二军医大学免疫学研究所 | 曹雪涛　王全兴　张意　于益芝　田野苹　万涛　姜北 |
| 一等奖 | 博士质量：概念、评价与趋势 | 北京大学　北京航空航天大学 | 陈洪捷　沈文钦　赵世奎　郭建如　蔡磊砢 |
| | 清华MBA教育改革和创新实践 | 清华大学 | 钱颖一　高建　郦金梁　钱小军　张进 |
| | 优势互补、协同创新——探索中国特色、世界一流的生命学科博士生培养模式 | 清华大学　北京大学　北京生命科学研究所 | 施一公　饶毅　王晓东 |
| | 中国研究生教育质量年度报告 | 北京理工大学　华北电力大学　湘潭大学 | 王战军　周文辉　翟亚军　廖湘阳　刘俊起 |
| | 天津大学研究生“3I · 4C”分类培养体系的构建与实践 | 天津大学 | 白海力　赵美蓉　陈金龙　刘宁　王天友 |

续表

| 奖项等级 | 获奖项目名称 | 获奖单位 | 获奖者姓名 |
| --- | --- | --- | --- |
| 一等奖 | 硕士研究生培养模式改革实践 | 哈尔滨工业大学 | 丁雪梅　甄良　赵学增　沈毅　宋平 |
| | 服务行业需求，提升实践能力，水利领域专业学位研究生培养的创新与实践 | 河海大学 | 朱跃龙　董增川　姚纬明　方国华　刘平雷 |
| | 面向能源学科前沿与国家重大需求，团队式国际化培养创新人才的实践 | 浙江大学 | 岑可法　倪明江　骆仲泱　严建华　樊建人 |
| | 基于科教结合的两段式交叉型人才培养模式的探索与实践 | 中国科学技术大学 | 古继宝　张淑林　倪瑞　彭莉君　裴旭 |
| | 全国“学科评估”对完善质量保障体系、促进学科内涵发展的探索与实践 | 教育部学位与研究生教育发展中心 | 李军　林梦泉　任超　王战军　王洪歧 |
| 二等奖 | 清华大学法学院LL.M.中国法外国研究生学历教育 | 清华大学 | 王晨光　王振民　崔国斌　陈卫佐 |
| | 以培养高层次应用型人才为目标的临床医学博士专业学位教育探索与实践 | 北京大学医学部 | 柯杨　段丽萍　崔爽　侯卉　王青 |
| | 回归学术本源，夯实学术基础，全面建立博士点学科专业主文献制度 | 中国人民大学 | 吴晓求　刘凤良　宋东霞　吕莉莎　李艳丽 |
| | 以岗位胜任力为导向的医学专业学位教育改革与实践 | 北京大学医学部 | 段丽萍　贾金忠　崔爽　李立明　汪玲 |
| | 我国研究生教育结构调整问题研究 | 清华大学 | 袁本涛　王传毅 |
| | 控制科学与工程学科创新型博士生培养的十年改革与实践 | 清华大学 | 张涛　周东华　周杰　张长水　王书宁 |
| | 服务轨道交通行业大发展构建专业学位研究生教育体系 | 北京交通大学 | 宁滨　余祖俊　李国岫　刘志刚　朱晓宁 |
| | 以世界科技前沿、国家战略需求为引导的高水平创新型人才培养的十年探索与实践 | 北京理工大学 | 郝群　王涌天　赵跃进　倪国强　李林 |

续表

| 奖项等级 | 获奖项目名称 | 获奖单位 | 获奖者姓名 |
|---|---|---|---|
| 二等奖 | 面向大流程工业的跨学科高层次人才协同培养 | 北京科技大学 | 谢建新　吴爱祥　刘立<br>班晓娟　宁晓钧 |
| | 我国研究生思想政治教育相关问题研究及实践 | 北京科技大学<br>清华大学<br>武汉大学 | 张跃　牛珩　宗燕兵<br>武晓峰　吴爱军 |
| | 中医临床医学专业学位培养模式的构建与创新 | 北京中医药大学<br>广州中医药大学 | 王伟　潘华峰　许能贵<br>丁霞　史亚飞 |
| | 音乐美学博士研究生培养 | 中央音乐学院 | 于润洋　张前　王次 |
| | 大电类学科融合环境下的创新型研究生教育体制机制改革与实践 | 上海交通大学 | 杨小康　杨一帆<br>罗金才　李萍　毛军发 |
| | 创新纺织领域全日制专业学位研究生培养模式，培养高层次工程应用型人才 | 东华大学 | 陈南梁　徐广标　郁崇文<br>李炜　晏雄 |
| | 标准引领的教育硕士研究生培养模式改革 | 华东师范大学 | 吴刚　马爱民　陈果良<br>刘红梅　李坤 |
| | 以国际国内认证为抓手，以终身成长为导向，财经类院校MBA培养模式改革探索 | 上海财经大学 | 孙铮　戴国强　骆玉鼎<br>薛丽萍　王少飞 |
| | 中外学术学位研究生培养模式和课程体系研究 | 南京大学 | 汪霞　孙俊华　汪雅霜<br>崔军　钱铭 |
| | 跨学科、前沿性、国际化——学术学位博士研究生培养模式的新探索 | 南京大学 | 许钧　吕建　卞清<br>朱俊杰　吴晓曼 |
| | 协同多元优质资源强化创新与工程实践培养具有国际视野的动力工程研究生 | 江苏大学 | 袁寿其　施卫东　王谦<br>杨敏官　袁建平 |
| | 农林学科学术型研究生课程体系改革与实践 | 南京农业大学 | 徐翔　罗英姿　侯喜林<br>陈杰　朱中超 |
| | 教育硕士高水平实践能力“融合式”培养体系的建构 | 南京师范大学 | 顾建军　魏少华　张新平<br>张乐天　周晓静 |
| | 神经语言学研究生“立体协同、前沿复合”<br>培养模式的创新与实践 | 江苏师范大学 | 杨亦鸣　张强　封世文<br>顾介鑫　余光武 |

续表

| 奖项等级 | 获奖项目名称 | 获奖单位 | 获奖者姓名 |
| --- | --- | --- | --- |
| 二等奖 | 研究生学位授权审核制度研究 | 国防科学技术大学 | 胡志刚 |
| | 以行业需求为导向，多主体协同培养高层次专业学位人才 | 重庆大学 | 黄宗明　张云怀　王东红　向诚　郭瑜 |
| | 研究生跨学科培养模式创新的实践探索 | 武汉大学 | 周叶中　夏义堃　宋朝阳　张莉　王鹏 |
| | 和而不同石油工程领域研究生培养体系重建 | 中国石油大学（北京） | 陈勉　宫敬　宁正福　梁永图　佟研 |
| | 地质工程领域工程硕士培养机制探索与实践 | 中国地质大学（北京） | 邓军　王训练　张寿庭　段红梅　葛文胜 |
| | 航空宇航科学与技术创新型研究生培养 | 国防科学技术大学 | 陈小前　夏智勋　李九天　梁彦刚　郑伟 |
| | 充分利用国际资源，强化农林经济管理研究生过程培养 | 西北农林科技大学 | 霍学喜　赵敏娟　白晓红　朱敏　白亚娟 |
| | 上海专业学位研究生教育改革的探索与创新——“六化”模式的构建与实践 | 上海市研究生教育学会 | 束金龙　李耀刚　廖文武　丁明利　马爱民 |

# 附录四　研究生课程建设试点单位名单

2014 年 12 月 8 日，教育部学位管理与研究生教育司发出通知，决定支持部分研究生培养单位开展研究生课程建设试点工作。此后，试点开展研究生课程建设的 169 个研究生培养单位陆续提交了本单位的试点工作材料。其中，162 个单位公示了本单位的试点工作方案，另有 7 个单位未进行公示。研究生课程建设试点单位名单见下表。

**研究生课程建设试点单位名单**

| 序　号 | 单位名称 | 省、自治区、直辖市 |
|---|---|---|
| 1 | 北京工业大学 | 北京市 |
| 2 | 北京师范大学 | 北京市 |
| 3 | 首都师范大学 | 北京市 |
| 4 | 南开大学 | 天津市 |
| 5 | 天津大学 | 天津市 |
| 6 | 天津科技大学 | 天津市 |
| 7 | 天津工业大学 | 天津市 |
| 8 | 天津医科大学 | 天津市 |
| 9 | 天津中医药大学 | 天津市 |
| 10 | 天津师范大学 | 天津市 |
| 11 | 天津财经大学 | 天津市 |
| 12 | 河北大学 | 河北省 |
| 13 | 河北工业大学 | 河北省 |
| 14 | 河北科技大学 | 河北省 |
| 15 | 石家庄铁道大学 | 河北省 |

续表

| 序　号 | 单位名称 | 省、自治区、直辖市 |
| --- | --- | --- |
| 16 | 燕山大学 | 河北省 |
| 17 | 山西大学 | 山西省 |
| 18 | 太原理工大学 | 山西省 |
| 19 | 山西医科大学 | 山西省 |
| 20 | 内蒙古大学 | 内蒙古自治区 |
| 21 | 内蒙古科技大学 | 内蒙古自治区 |
| 22 | 内蒙古工业大学 | 内蒙古自治区 |
| 23 | 内蒙古农业大学 | 内蒙古自治区 |
| 24 | 内蒙古医科大学 | 内蒙古自治区 |
| 25 | 内蒙古师范大学 | 内蒙古自治区 |
| 26 | 东北大学 | 辽宁省 |
| 27 | 大连理工大学 | 辽宁省 |
| 28 | 中国医科大学 | 辽宁省 |
| 29 | 辽宁师范大学 | 辽宁省 |
| 30 | 吉林大学 | 吉林省 |
| 31 | 长春理工大学 | 吉林省 |
| 32 | 吉林农业大学 | 吉林省 |
| 33 | 东北师范大学 | 吉林省 |
| 34 | 延边大学 | 吉林省 |
| 35 | 黑龙江大学 | 黑龙江省 |
| 36 | 哈尔滨工业大学 | 黑龙江省 |
| 37 | 东北农业大学 | 黑龙江省 |
| 38 | 哈尔滨医科大学 | 黑龙江省 |
| 39 | 复旦大学 | 上海市 |
| 40 | 同济大学 | 上海市 |

续表

| 序　号 | 单位名称 | 省、自治区、直辖市 |
|---|---|---|
| 41 | 上海交通大学 | 上海市 |
| 42 | 东华大学 | 上海市 |
| 43 | 上海中医药大学 | 上海市 |
| 44 | 上海财经大学 | 上海市 |
| 45 | 华东政法大学 | 上海市 |
| 46 | 南京大学 | 江苏省 |
| 47 | 苏州大学 | 江苏省 |
| 48 | 东南大学 | 江苏省 |
| 49 | 南京农业大学 | 江苏省 |
| 50 | 南京师范大学 | 江苏省 |
| 51 | 扬州大学 | 江苏省 |
| 52 | 浙江大学 | 浙江省 |
| 53 | 杭州电子科技大学 | 浙江省 |
| 54 | 浙江工业大学 | 浙江省 |
| 55 | 浙江理工大学 | 浙江省 |
| 56 | 温州医科大学 | 浙江省 |
| 57 | 浙江中医药大学 | 浙江省 |
| 58 | 浙江工商大学 | 浙江省 |
| 59 | 宁波大学 | 浙江省 |
| 60 | 安徽大学 | 安徽省 |
| 61 | 中国科学技术大学 | 安徽省 |
| 62 | 合肥工业大学 | 安徽省 |
| 63 | 安徽理工大学 | 安徽省 |
| 64 | 安徽医科大学 | 安徽省 |
| 65 | 安徽师范大学 | 安徽省 |

续表

| 序　号 | 单位名称 | 省、自治区、直辖市 |
|---|---|---|
| 66 | 安徽农业大学 | 安徽省 |
| 67 | 厦门大学 | 福建省 |
| 68 | 福建农林大学 | 福建省 |
| 69 | 南昌大学 | 江西省 |
| 70 | 华东交通大学 | 江西省 |
| 71 | 东华理工大学 | 江西省 |
| 72 | 南昌航空大学 | 江西省 |
| 73 | 江西理工大学 | 江西省 |
| 74 | 景德镇陶瓷学院 | 江西省 |
| 75 | 江西农业大学 | 江西省 |
| 76 | 江西中医药大学 | 江西省 |
| 77 | 江西师范大学 | 江西省 |
| 78 | 赣南师范学院 | 江西省 |
| 79 | 江西财经大学 | 江西省 |
| 80 | 江西科技师范大学 | 江西省 |
| 81 | 山东大学 | 山东省 |
| 82 | 青岛大学 | 山东省 |
| 83 | 郑州大学 | 河南省 |
| 84 | 河南大学 | 河南省 |
| 85 | 武汉大学 | 湖北省 |
| 86 | 华中科技大学 | 湖北省 |
| 87 | 华中农业大学 | 湖北省 |
| 88 | 湖北大学 | 湖北省 |
| 89 | 三峡大学 | 湖北省 |
| 90 | 湖南大学 | 湖南省 |

续表

| 序　号 | 单位名称 | 省、自治区、直辖市 |
|---|---|---|
| 91 | 中南大学 | 湖南省 |
| 92 | 湖南科技大学 | 湖南省 |
| 93 | 长沙理工大学 | 湖南省 |
| 94 | 湖南农业大学 | 湖南省 |
| 95 | 中南林业科技大学 | 湖南省 |
| 96 | 湖南师范大学 | 湖南省 |
| 97 | 南华大学 | 湖南省 |
| 98 | 国防科学技术大学 | 湖南省 |
| 99 | 湖南工业大学 | 湖南省 |
| 100 | 中山大学 | 广东省 |
| 101 | 华南理工大学 | 广东省 |
| 102 | 广州大学 | 广东省 |
| 103 | 广东财经大学 | 广东省 |
| 104 | 海南大学 | 海南省 |
| 105 | 海南师范大学 | 海南省 |
| 106 | 海南医学院 | 海南省 |
| 107 | 广西大学 | 广西壮族自治区 |
| 108 | 广西科技大学 | 广西壮族自治区 |
| 109 | 桂林电子科技大学 | 广西壮族自治区 |
| 110 | 桂林理工大学 | 广西壮族自治区 |
| 111 | 广西医科大学 | 广西壮族自治区 |
| 112 | 右江民族医学院 | 广西壮族自治区 |
| 113 | 广西中医药大学 | 广西壮族自治区 |
| 114 | 桂林医学院 | 广西壮族自治区 |
| 115 | 广西师范大学 | 广西壮族自治区 |

续表

| 序　号 | 单位名称 | 省、自治区、直辖市 |
|---|---|---|
| 116 | 广西师范学院 | 广西壮族自治区 |
| 117 | 广西艺术学院 | 广西壮族自治区 |
| 118 | 广西民族大学 | 广西壮族自治区 |
| 119 | 四川大学 | 四川省 |
| 120 | 西南石油大学 | 四川省 |
| 121 | 四川农业大学 | 四川省 |
| 122 | 四川医科大学 | 四川省 |
| 123 | 四川师范大学 | 四川省 |
| 124 | 重庆大学 | 重庆市 |
| 125 | 重庆邮电大学 | 重庆市 |
| 126 | 西南大学 | 重庆市 |
| 127 | 重庆师范大学 | 重庆市 |
| 128 | 四川美术学院 | 重庆市 |
| 129 | 贵州大学 | 贵州省 |
| 130 | 贵阳医学院 | 贵州省 |
| 131 | 云南大学 | 云南省 |
| 132 | 昆明理工大学 | 云南省 |
| 133 | 云南农业大学 | 云南省 |
| 134 | 昆明医科大学 | 云南省 |
| 135 | 西藏大学 | 西藏自治区 |
| 136 | 西藏民族学院 | 西藏自治区 |
| 137 | 西藏藏医学院 | 西藏自治区 |
| 138 | 西安交通大学 | 陕西省 |
| 139 | 西安理工大学 | 陕西省 |
| 140 | 西安工业大学 | 陕西省 |

续表

| 序　号 | 单位名称 | 省、自治区、直辖市 |
| --- | --- | --- |
| 141 | 西安建筑科技大学 | 陕西省 |
| 142 | 西安石油大学 | 陕西省 |
| 143 | 长安大学 | 陕西省 |
| 144 | 陕西中医学院 | 陕西省 |
| 145 | 延安大学 | 陕西省 |
| 146 | 西安音乐学院 | 陕西省 |
| 147 | 西安邮电大学 | 陕西省 |
| 148 | 中共陕西省委党校 | 陕西省 |
| 149 | 西安财经学院 | 陕西省 |
| 150 | 空军工程大学 | 陕西省 |
| 151 | 兰州大学 | 甘肃省 |
| 152 | 兰州理工大学 | 甘肃省 |
| 153 | 兰州交通大学 | 甘肃省 |
| 154 | 甘肃农业大学 | 甘肃省 |
| 155 | 甘肃中医药大学 | 甘肃省 |
| 156 | 西北师范大学 | 甘肃省 |
| 157 | 西北民族大学 | 甘肃省 |
| 158 | 青海大学 | 青海省 |
| 159 | 青海师范大学 | 青海省 |
| 160 | 青海民族大学 | 青海省 |
| 161 | 宁夏大学 | 宁夏回族自治区 |
| 162 | 宁夏医科大学 | 宁夏回族自治区 |
| 163 | 北方民族大学 | 宁夏回族自治区 |
| 164 | 新疆大学 | 新疆维吾尔自治区 |
| 165 | 新疆农业大学 | 新疆维吾尔自治区 |

续表

| 序　号 | 单位名称 | 省、自治区、直辖市 |
|---|---|---|
| 166 | 石河子大学 | 新疆维吾尔自治区 |
| 167 | 新疆师范大学 | 新疆维吾尔自治区 |
| 168 | 新疆财经大学 | 新疆维吾尔自治区 |
| 169 | 新疆艺术学院 | 新疆维吾尔自治区 |

# 附录五　2014年学位与研究生教育质量方面的重要文件

## 一、《关于开展博士、硕士学位授权学科和专业学位授权类别动态调整试点工作的意见》

（国务院学位委员会　2014 年 1 月 8 日）

为使研究生教育更好地适应经济社会发展需要，提高人才培养质量，现决定开展主动撤销博士、硕士学位授权学科和专业学位授权类别（以下统称“学位授权点”），或撤销现有学位授权点并增列相同层次的其他学位授权点的动态调整试点工作。

### （一）开展动态调整工作的主要原则

学位授权点动态调整要坚持以服务需求、提高质量为主线，以优化人才培养的学科和类型结构为重点，推动学位与研究生教育走内涵式发展道路，不断提高服务经济社会发展的能力和水平。

1. 稳定规模，优化结构

坚持稳定学位授予单位和学位授权点规模，撤销需求不足、水平不高或不符合学位授予单位办学目标定位要求的授权学科，增列符合经济社会发展需要、优势突出、特色鲜明、符合学位授予单位学科发展规划要求的学位授权点，优化人才培养的学科和类型结构，限制增列当前培养规模偏大、学生就业困难的学科为学位授权点。学位授权点动态调整只在现有学位授予单位范围内进行，增列授权点数量不超过撤销授权点数量。

2. 以单位自主调整为基础

尊重学位授予单位调整学位授权点的自主权。学位授予单位可以根据经济社会发展需求和本单位学科发展规划主动撤销学位授权点，或主动撤销学位授权点并自主增列其他学位授权点。

3. 发挥省级统筹作用

省、自治区、直辖市学位委员会（下称“省级学位委员会”）制定学科发展规划，指导本地区学位授权点动态调整。制定支持政策，引导学位授予单位根据区域经济社会发展需要撤销和增列学位授权点。统筹组织调整撤销后学位授权点增列工作。对经调整增列的硕士学位授权点，于批准三年后进行复核。

4. 实现调整工作常态化

省级学位委员会和学位授予单位可根据需要适时开展调整工作，并于每年规定时间内将调整结果报国务院学位委员会审批。

### （二）动态调整方式及要求

学位授权点动态调整按照学位授予单位自主调整和省级学位委员会统筹调整两种方式进行。

学位授予单位将主动撤销和增列的学位授权点以及开展调整工作的有关情况报省级学位委员会。省级学位委员会对学位授予单位调整工作是否符合规定的程序办法进行审查，审查通过的报国务院学位委员会批准。

对于国务院学位委员会根据有关规定撤销学位授权点以及学位授予单位主动撤销后不再增列其他学位授权点的，由省级学位委员会统筹组织增列相应数量的学位授权点。

学位授予单位和省级学位委员会的动态调整工作要坚持标准、保证质量，做到依靠专家、程序规范、公开透明、廉洁评审。

### （三）动态调整学位授权点的批准与复核

对于动态调整撤销和增列的学位授权点，由国务院学位委员会办公室报主任委员同意后予以批准，并将每一年度的学位授权点调整情况向国务院学位委员会会议作出报告。

经调整增列的学位授权点，须在批准三年后进行复核。博士学位授权点的复核由国务院学位委员会学科评议组或专业学位教育指导委员会进行，硕士学位授权点的复核由省级学位委员会组织进行。复核未通过的，进行为期一年的整改，一年后复核仍未通过的，撤销学位授权点。

### （四）动态调整试点工作的组织实施

开展动态调整试点工作的省、自治区、直辖市和学位授予单位由国务院学位委员会确定。有关省级学位委员会和学位授予单位应根据本意见制定具体实施办法，并在有关办法中确立有效的争议处理机制。国务院学位委员会办公室应加强对试点工作的管理和指导，及时总结试点经验，改进和完善调整办法，积极稳妥地推进学位授权点动态调整工作。

## 二、《国务院学位委员会、教育部关于加强学位与研究生教育质量保证和监督体系建设的意见》

（国务院学位委员会、教育部 2014 年 1 月 29 日）

各省、自治区、直辖市学位委员会、教育厅（教委），新疆生产建设兵团教育局，中国科学院大学，中国社会科学院研究生院，中共中央党校学位评定委员会，中国人民解放军学位委员会，各学位授予单位：

为贯彻落实党的十八大和十八届三中全会精神以及《国家中长期教育改革和发展规划纲要（2010—2020 年）》，实施《教育部国家发展改革委财政部关于深化研究生教育改革的意见》（教研〔2013〕1 号），走内涵式发展道路，提高研究生教育质量，现就加强学位与研究生教育质量保证和监督体系建设提出如下意见。

### （一）加强质量保证和监督体系建设的意义

加强质量保证和监督体系建设，在学位与研究生教育事业发展中具有重要作用。面对高层次人才培养的新形势，提高质量是研究生教育改革和发展最核心最紧迫的任务，亟需进一步完善与研究生教育强国建设相适应、符合国情和遵循研究生教育规律的质量保证和监督体系。

### （二）总体思路

1. 指导思想

全面贯彻落实研究生教育改革精神，转变政府职能，推进管办评分离，树立科学的质量观，以研究生和导师为核心，以学位授予单位为重心，从研究生教育基本活动入手，明确各质量主体职责，保证研究生教育基本质量，创新机制，激发学位授予单位追求卓越的积极性和创造性，不断提高人才培养水平。

2. 建设目标

构建以学位授予单位质量保证为基础，教育行政部门监管为引导，学术组织、行业部门和社会机构积极参与的内部质量保证和外部质量监督体系。内部质量保证体系要明确学位授予单位第一主体的职责，增强质量自律，培育质量文化。外部质量监督体系要加强教育行政部门的政策支撑与宏观监管，以质量为主导统筹资源配置，发挥学术组织、行业部门和社会机构的质量监督作用。

3. 基本原则

①标准先行。根据经济社会发展多样化需求，制订不同类型、层次和学科类别研究生培养和学位授予标准。②分类监管。根据不同主体和对象，采取相应的质量监管方式，加强分类指导和管理。③统筹协调。充分调动各主体的创造性，形成上下配合、内外协调、积极有效的质量保证和监督机制。④支撑发展。质量保证和监督体系建设要有利于促进学位与研究生教育事业科学发展，有利于全面提升研究生教育质量。

## （三）强化学位授予单位的质量保证

1. 学位授予单位是研究生教育质量保证的主体，要按照《学位授予单位研究生教育质量保证体系建设基本规范》（见附件），健全内部质量保证体系，确立与本单位办学定位相一致的人才培养和学位授予质量标准，建立以培养质量为主导的研究生教育资源配置机制。

2. 学位授予单位要充分发挥学位评定委员会、学术委员会等学术组织在质量保证方面的作用，审定研究生培养方案和学位授予标准，指导课程体系建设，开展质量评价等工作。不断完善导师管理评价机制，把师德师风和研究生培养质量作为导师评价的重点，加强导师对研究生思想、学习和科研实践的教育与指导。

3. 学位授予单位要统筹各类研究生教育经费，建立健全研究生奖助体系，激励优秀人才脱颖而出。加强研究生培养过程管理，畅通分流渠道，加大对不合格学生的淘汰力度，激发研究生学习的积极性和主动性。把学术道德教育和学术规范训练贯穿到研究生培养全过程，建立学风监管与惩戒机制，严惩学术不端行为。

4. 学位授予单位要建立研究生教育质量自我评估制度，组织专家定期对本单位学位授权点和研究生培养质量进行诊断式评估，发现问题，改进学科建设和人才培养工作，不断提高研究生教育质量。鼓励有条件的单位积极开展国际评估。

## （四）加强教育行政部门的质量监管

1. 委托国务院学位委员会学科评议组和全国专业学位研究生教育指导委员会，按一级学科和专业学位类别分别制订《博士硕士学位基本要求》，为学位授予单位实施研究生培养、各级教育行政部门开展质量监管提供基本依据。

2. 建立学位授权点合格评估制度，以人才培养为核心，制订科学的评估标准，开展研究生教育质量评估工作。按类型、分层次组织实施评估工作，提高评估实效。对存在质量问题的学位授予单位，采取约谈、通报、限期整改直至撤销学位授权等处理办法。不断改进学科评估工作。

3. 开展博士、硕士学位论文抽检工作，强化学位授予单位、导师和研究生的质量意识，加强学位授予管理，保证学位授予质量。建立研究生教育绩效拨款制度，推动人才培养的改革与创新，促进研究生教育质量不断提升。

4. 建立全国研究生教育质量信息平台，及时公开学位与研究生教育相关信息，开展质量调查，定期发布教育行政部门、学位授予单位和相关学术组织的研究生教育质量报告，促进学位授予单位质量自律，加强质量预警，营造良好的质量环境。

5. 省级教育行政部门要加大对本地区学位与研究生教育质量的监管力度，做好硕士学位授权点合格评估、省级重点学科评选、硕士学位论文抽检、优秀学位论文评选等工作。积极推动研究生教育质量监督区域协作机制建设。

## （五）充分发挥学术组织、行业部门和社会机构的监督作用

1. 充分发挥国务院学位委员会学科评议组、全国专业学位研究生教育指导委员会、中国学位与研究生教育学会等学术组织在研究生教育质量调查研究、标准制订、评估论证及学风建设等方面的重要作用。

2. 充分发挥行业部门在人才培养、需求分析、标准制订、实践训练和专业学位质量认证等方面的积极作用。鼓励社会机构积极参与研究生教育质量监督，逐步建立独立、科学、公正，且具有良好声誉的研究生教育质量社会评价机制。

各省级教育行政部门和学位授予单位要加强领导，把学位与研究生教育质量保证和监督体系建设作为推进研究生教育改革与发展的重要内容，认真做好组织

实施工作。省级教育行政部门要根据本地区实际，制订相关措施，统筹本地区研究生教育质量保证和监督工作。学位授予单位要在全面总结已有经验的基础上，健全质量保证体系，不断提高研究生教育质量。

## 附件：学位授予单位研究生教育质量保证体系建设基本规范

为指导学位授予单位建设内部质量保证体系，制定本规范。

### （一）目标与标准

确立研究生教育发展目标。根据国家和区域经济社会发展的需求，结合本单位研究生教育实际，确定研究生教育层次、类型、规模和结构等方面的发展目标，并定期调整。

制订学位授予标准。在国家制定的《博士硕士学位基本要求》基础上，按学科或专业学位类别制订与本单位办学定位相一致的博士、硕士学位授予标准。

制订学科专业设置与调整办法。制订本单位一级学科授权点和专业学位授权点增列与撤销办法，二级学科自主设置与调整的办法，明确标准，规范程序，形成学位授权点动态调整机制，优化结构，发展特色。

### （二）招生管理

制订研究生招生指标配置办法。综合考虑经济社会发展需求，研究生生源质量、培养质量、就业状况以及培养经费、科研任务、导师队伍、实践基地等研究生培养条件方面的因素，制订以质量为导向的研究生招生指标配置办法。

制订研究生招生选拔规定。建立有效的招生自我约束机制，规范招生选拔，充分明确导师在研究生招生选拔中的职责和权力，加强对考生综合素质和发展潜力的考察，保证招生质量。

### （三）培养过程与学位授予管理

制订培养方案。培养方案应明确培养目标、课程体系、培养环节，要遵循研究生教育规律，创新培养模式，体现学科特色和学术前沿，突出个性化培养。专业学位研究生培养方案的制订要吸收行业部门参与，注重实践和创新能力培养。

制订研究生课程体系建设办法。根据经济社会发展需求、学科发展前沿和研究生个人发展需要，建构科学合理的课程体系，及时更新课程内容，丰富课程类型。

制订课程教学质量监控办法。明确授课教师资质，规范课程教学，建立科学的教学督导和评价制度，加强对授课质量的监测和评估，提高课程教学质量。制订专业学位研究生实践教学质量的监督与评价办法，保证实践教学质量。

建立健全中期考核制度。不断提高研究生中期考核或博士生资格考试的科学性和有效性，切实发挥其在研究生培养过程中的筛选作用。

健全学位论文开题及评阅制度。论文开题要有规范的程序，论文评阅要保证有一定数量的外单位同行专家参与，加强匿名评阅等适合本单位实际的论文评阅制度建设，有条件的单位应探索国际同行评阅。

健全论文答辩和学位授予制度。完善学位论文预答辩、答辩和答辩后修改等制度。答辩委员会和各级学位评定委员会要严格履行职责，保证学位授予质量。

建立科学道德与学术规范教育制度。在研究生培养过程中安排必修环节，对研究生进行科学精神、科学道德、学术规范、学术伦理和职业道德教育。明确学术不端行为处罚办法。

制订研究生分流与淘汰办法。制订研究生课程学习、中期考核、资格考试和学位论文开题等各阶段的分流与淘汰办法。

### （四）导师岗位管理

制订导师考核评价办法。规范导师岗位管理，实施导师招生资格审查，建立学术学位和专业学位研究生导师分类考核评价制度。

制订导师交流与培训办法。建立和完善导师国内外学术交流与合作制度，为导师提高学术和实践能力提供平台。加强导师培训，不断提高导师指导能力。

建立导师激励与问责制。完善导师激励制度，明确和保障导师在研究生培养中的责任与权力，调动导师育人积极性，发挥导师科学道德和学术规范的示范作用。完善导师问责制，对培养质量出现问题的导师，视情况分别采取质量约谈、限招、停招等处理。

### （五）研究生管理与服务

建立健全研究生奖助制度。以鼓励创新为导向，完善机制，充分发挥奖助学金的激励作用。统筹制订各类奖助学金评选办法，保证评选过程公平、公正、公开，奖助学金的评选要有一定比例的导师和研究生参加。

建立研究生权益保护机制。完善研究生培养过程中的正当利益诉求和权利救济机制，加强对研究生的权益保护。

建立研究生就业指导与服务制度。健全研究生就业市场和信息服务体系，加强研究生创业教育，鼓励研究生创业和面向基层就业。

### （六）条件保障与质量监督

制订研究生教育资源配置办法。按学科或专业学位类别制订研究生教育资源配置办法，保障各类研究生学习、科研、实践和生活等基本条件。

建立自我评估制度。以提高质量为导向，定期开展学位授权点和研究生培养质量自我评估，发现问题，提出改进措施。鼓励有条件的学科或专业学位类别参加国际评估或专业资格认证。

建立质量跟踪和反馈制度。建立毕业生发展质量跟踪调查和反馈制度，定期听取用人单位意见，开展人才培养质量和发展质量分析，及时调整人才培养结构。

建立质量信息公开制度。建立研究生教育质量信息公开制度，主动公开研究生培养质量和发展质量信息，定期发布本单位研究生教育发展质量报告。

### （七）质量管理与质量文化

健全质量管理组织机构。学位授予单位要明确研究生教育质量管理组织机构，以及学位评定委员会等组织的管理职责，规范研究生培养过程信息与档案管理。

营造质量文化。通过质量制度建设、规范研究生教育过程管理，加强导师、研究生和管理人员的质量意识，形成体现自身发展定位、学术传统与特色的质量文化。

## 三、《国务院学位委员会、教育部关于印发〈学位授权点合格评估办法〉的通知》

（国务院学位委员会、教育部　2014 年 1 月 29 日）

各省、自治区、直辖市学位委员会、教育厅（教委），新疆生产建设兵团教育局，中国科学院大学，中国社会科学院研究生院，中共中央党校学位评定委员会，中国人民解放军学位委员会，各学位授予单位：

为贯彻落实《国家中长期教育改革和发展规划纲要（2010—2020年）》，实施《教育部国家发展改革委财政部关于深化研究生教育改革的意见》（教研〔2013〕1号），保证我国学位与研究生教育质量，特制定《学位授权点合格评估办法》。现将该办法印发给你们，请遵照执行。

## 附件：学位授权点合格评估办法

**第一条** 为保证学位与研究生教育质量，做好学位授权点合格评估工作，依据《中华人民共和国高等教育法》《中华人民共和国学位条例》及其暂行实施办法，制定本办法。

**第二条** 本办法中的学位授权点是指经国务院学位委员会审核批准的可以授予博士、硕士学位的学科或专业学位类别。

第三条学位授权点合格评估是我国学位授权审核制度的重要组成部分，每6年进行一轮，获得学位授权满6年的学术学位授权点和专业学位授权点，均须进行合格评估。

**第四条** 学位授权点合格评估分为学位授予单位自我评估和教育行政部门随机抽评两个阶段，以学位授予单位自我评估为主。每一轮评估的前5年为自我评估阶段，最后1年为随机抽评阶段。

**第五条** 学位授权点合格评估遵循科学、客观、公正的原则，以人才培养为核心，重点评估研究生教育质量和学位授予质量。

**第六条** 博士学位授权点合格评估由国务院学位委员会办公室组织实施，硕士学位授权点合格评估由各省级学位委员会组织实施；其中，军队系统学位授权点合格评估，由中国人民解放军学位委员会组织实施。

**第七条** 学位授予单位自我评估为诊断式评估，是对本单位学位授权点的全面检查，着眼于发现问题，办出特色，持续提升研究生教育质量。鼓励有条件的单位和学位授权点开展国际评估或专业资格认证。

**第八条** 学位授予单位自我评估可根据本单位实际，统筹学术学位授权点和专业学位授权点，自主确定评估方式。基本程序是：

（一）制定自我评估实施方案，提出本单位自我评估的基本要求。

（二）学位授权点在总结分析的基础上，按照本单位自我评估基本要求组织自我评估材料。

（三）聘请外单位同行专家对学位授权点进行评议，提出诊断式评议意见。专业学位授权点评议专家应有部分行业专家。

（四）学位评定委员会根据同行专家评议意见，提出各学位授权点的自我评估结果。自我评估结果分为“合格”和“不合格”。

（五）学位授予单位可根据自我评估结果，结合社会对人才的需求和自身发展情况，按学位授权点动态调整的有关办法申请放弃或调整部分学位授权点。

（六）学位授予单位在自我评估的基础上，按抽评部门的要求撰写各学位授权点的《自我评估总结报告》，并在指定的信息平台上向社会公开。

第九条　教育行政部门随机抽评是在学位授予单位自我评估的基础上，随机抽取一定数量的学位授权点进行评估。

（一）各一级学科和专业学位类别的抽评比例一般不低于20%，覆盖所有学位授予单位。

（二）抽评材料主要是学位授予单位公开的《学位授权点自我评估总结报告》，从信息平台上直接调取。

（三）抽评采用通讯评议的方式进行，个别学位授权点可进行专家实地评估。

（四）博士学位授权点的评议专家为国务院学位委员会学科评议组和全国专业学位研究生教育指导委员会专家；硕士学位授权点的评议专家，由各省级学位委员会和中国人民解放军学位委员会自行确定。评议实行本单位专家回避制。

（五）抽评专家根据抽评材料和本学科或专业学位类别的《博士硕士学位基本要求》，对学位授权点提出评议意见。评议意见分为“合格”和“不合格”。

**第十条**　评估结果的认定。

（一）随机抽评的学位授权点按专家评议意见认定。即：1/3（含1/3）—1/2（不含1/2）的参评专家认为“不合格”的学位授权点属于限期整改的学位授权点；1/2（含1/2）以上的参评专家认为“不合格”的学位授权点属于不合格学位授权点；其他学位授权点属于合格学位授权点。

（二）未抽评的学位授权点按学位授予单位自我评估结果认定。自我评估为“合格”的学位授权点属于合格学位授权点；自我评估为“不合格”的学位授权点属于限期整改的学位授权点。

（三）未开展自我评估的学位授权点视为自动放弃学位授权，按不合格学位授权点认定。

**第十一条** 省级学位委员会和中国人民解放军学位委员会将学位授权点合格评估结果和处理意见报国务院学位委员会办公室，由国务院学位委员会办公室报国务院学位委员会审批。

**第十二条** 国务院学位委员会根据学位授权点合格评估结果和处理意见，依据《中华人民共和国学位条例》第十八条之规定，分别做出限期整改或撤销学位授权的处理决定。处理决定向社会公开。

**第十三条** 撤销授权的学位授权点，5 年内不得申请学位授权，其在学研究生可按原渠道完成学位授予。

**第十四条** 新增学位授权点获得学位授权满 3 年后，须接受专项合格评估。专项合格评估由国务院学位委员会办公室统一组织，委托国务院学位委员会学科评议组和全国专业学位研究生教育指导委员会实施。评估结果按本办法第十条和第十二条之规定进行认定和处理。

**第十五条** 学位授予单位要保证自我评估材料的真实可信，对公开材料存在弄虚作假的学位授权点，将直接列为限期整改的学位授权点；经整改仍无法达到要求者，视为不能保证所授学位的学术水平，将撤销学位授权。

**第十六条** 各有关单位、组织、专家和人员应严格遵守评估纪律，坚决排除非学术因素的干扰，对在评估活动中存在违纪行为的单位和个人，将依据有关法规严肃处理。

**第十七条** 省级学位委员会、中国人民解放军学位委员会和学位授予单位，可根据本办法制定相应的实施细则。

**第十八条** 本办法由国务院学位委员会办公室负责解释。

## 四、《国务院学位委员会、教育部关于印发〈博士硕士学位论文抽检办法〉的通知》

（国务院学位委员会、教育部 2014 年 1 月 29 日）

各省、自治区、直辖市学位委员会、教育厅（教委），新疆生产建设兵团教育局，中国科学院大学，中国社会科学院研究生院，中共中央党校学位评定委员会，中国人民解放军学位委员会，各学位授予单位：

为贯彻落实《国家中长期教育改革和发展规划纲要（2010—2020年）》，实施《教育部国家发展改革委财政部关于深化研究生教育改革的意见》（教研〔2013〕1号），保证我国学位与研究生教育质量，特制定《博士硕士学位论文抽检办法》。现将该办法印发给你们，请遵照执行。

## 附件：博士硕士学位论文抽检办法

**第一条** 为保证学位授予质量，做好博士、硕士学位论文抽检工作，制定本办法。

**第二条** 博士学位论文抽检由国务院学位委员会办公室组织实施，硕士学位论文抽检由各省级学位委员会组织实施；其中，军队系统学位论文抽检由中国人民解放军学位委员会组织实施。

**第三条** 学位论文抽检每年进行一次，抽检范围为上一学年度授予博士、硕士学位的论文，博士学位论文的抽检比例为10%左右，硕士学位论文的抽检比例为5%左右。

**第四条** 博士学位论文抽检从国家图书馆直接调取学位论文。硕士学位论文的抽取方式，由各省级学位委员会和中国人民解放军学位委员会自行确定。

**第五条** 按照学术学位和专业学位分别制定博士学位论文评议要素和硕士学位论文评议要素。

**第六条** 每篇抽检的学位论文送3位同行专家进行评议，专家按照不同学位类型的要求对论文提出评议意见。

**第七条** 3位专家中有2位以上（含2位）专家评议意见为“不合格”的学位论文，将认定为“存在问题学位论文”。

**第八条** 3位专家中有1位专家评议意见为“不合格”的学位论文，将再送2位同行专家进行复评。2位复评专家中有1位以上（含1位）专家评议意见为“不合格”的学位论文，将认定为“存在问题学位论文”。

**第九条** 专家评议意见由各级抽检部门向学位授予单位反馈。硕士学位论文抽检的专家评议意见还应同时报送国务院学位委员会办公室。

**第十条** 学位论文抽检专家评议意见的使用。

（一）学位论文抽检专家评议意见以适当方式公开。

（二）对连续2年均有“存在问题学位论文”，且比例较高或篇数较多的学位授予单位，进行质量约谈。

（三）在学位授权点合格评估中，将学位论文抽检结果作为重要指标，对“存在问题学位论文”比例较高或篇数较多的学位授权点，依据有关程序，责令限期整改。经整改仍无法达到要求者，视为不能保证所授学位的学术水平，将撤销学位授权。

（四）学位授予单位应将学位论文抽检专家评议意见，作为本单位导师招生资格确定、研究生教育资源配置的重要依据。

**第十一条** 学位论文抽检坚决排除非学术因素的干扰，任何单位和个人都不得以任何方式干扰抽检工作的正常进行，参与评议工作的专家要公正公平，独立客观地完成评议工作。

**第十二条** 本办法由国务院学位委员会办公室负责解释。

## 五、《关于开展学位授权点合格评估工作的通知》

（国务院学位委员会、教育部　2014年6月26日）

各省、自治区、直辖市学位委员会，新疆生产建设兵团教育局，中国科学院大学，中国社会科学院研究生院，中共中央党校学位评定委员会，中国人民解放军学位委员会，各学位授予单位：

根据《学位授权点合格评估办法》（学位〔2014〕4号，以下简称《评估办法》），经研究，国务院学位委员会、教育部决定于2014—2019年开展学位授权点合格评估工作，现将有关事项通知如下：

### （一）评估范围

（1）2008年以前（含2008年）获得授权的学术学位授权点和专业学位授权点。

（2）2011年以二级学科学位授权点为基础增列的一级学科学位授权点。

（3）2011—2012年按照《学位授予和人才培养学科目录（2011年）》对应调

整的学术学位授权点。

（4）2009年以后批准的其它新增学位授权点（不含服务国家特殊需求人才培养项目，其评估工作按项目批复文件执行）须进行专项评估。具体事宜另行通知。

## （二）评估安排

评估工作分为学位授予单位自我评估和教育行政部门随机抽评两个阶段。其中，2014—2018年为自我评估阶段，2019年为随机抽评阶段。

1. 学位授予单位自我评估

（1）自我评估为诊断式评估，是对本单位学位授权点的全面检查，着眼于发现问题，办出特色，由各学位授予单位按照《评估办法》的要求和程序自主组织实施。

（2）学位授予单位参考《学位授权点自我评估指南》（附件1），研究制订本单位评估工作方案，内容包括自我评估的组织机构、组织形式、评估方式、评估内容、时间安排和工作流程等。评估工作方案应于2015年3月30日前，通过“全国学位与研究生教育质量信息平台”报送国务院学位委员会办公室和所在地省级学位委员会办公室。

（3）学位授予单位根据本单位实际情况，按照诊断式评估要求，统筹考虑学术学位授权点和专业学位授权点、博士学位授权点和硕士学位授权点，合理确定评估方式。评估方式可以是国内同行专家评估、国际评估或质量认证等。

（4）自我评估的标准和内容由学位授予单位自主确定。评估标准要体现本单位的办学水平和研究生教育发展目标；评估内容要突出人才培养，人才培养质量标准不得低于国家制定的《博士硕士学位基本要求》。

（5）学位授予单位可根据自我评估结果，结合人才需求、学科条件和本单位发展目标，按照学位授权点动态调整的相关规定，对学位授权点进行调整或撤销学位授权点。

（6）学位授予单位在自我评估完成后，参照《学位授权点抽评要素》（附件2），按《学位授权点自我评估总结报告》（附件3）的要求，编写各学术学位授权点和专业学位授权点的自我评估总结报告，填写《学位授权点自我评估结果汇总表》（附件4）。《学位授权点自我评估结果汇总表》和各学位授权点的《自我评估总结报告》，应于2018年11月30日前通过“全国学位与研究生教育质量信息平台”向社会公开。

（7）自我评估材料和专家评议意见由各学位授予单位归档保存，教育行政部门可根据工作需要随时调取。

2. 教育行政部门随机抽评

（1）具有博士和硕士学位授权的学位授权点随机抽评由国务院学位委员会办公室组织实施；未获得博士学位授权的硕士学位授权点随机抽评由各省级学位委员会组织实施。其中，军队系统的博士、硕士学位授权点随机抽评由中国人民解放军学位委员会组织实施。

（2）随机抽评以自我评估为基础，根据《学位授权点抽评要素》，从学位授权点基本条件和人才培养两方面进行评价，以人才培养为重点。评价材料为各学位授予单位的《学位授权点自我评估总结报告》，根据工作需要，也可从学位授予单位直接调取自我评估材料。

（3）各省级学位委员会和中国人民解放军学位委员会的抽评结果和处理意见，请于 2019 年 11 月 30 日前以书面形式报国务院学位委员会办公室。

（4）国务院学位委员会办公室委托国务院学位委员会学科评议组和全国专业学位研究生教育指导委员会，在自我评估和随机抽评的基础上，撰写各一级学科和专业学位类别（领域）的发展报告。

### （三）结果处理

国务院学位委员会办公室汇总评估结果，报国务院学位委员会审批。国务院学位委员会根据学位授权点合格评估结果，分别做出继续授权、限期整改或撤销学位授权的处理决定。处理决定向社会公开。

## 附件：学位授权点自我评估指南

根据《学位授权点合格评估办法》，为指导学位授予单位做好学位授权点自我评估工作，制订本指南。

### （一）评估内容

自我评估是对本单位学位授权点水平和人才培养质量的全面检查，根据本单位的办学定位和研究生培养质量标准，从目标定位、研究方向、师资队伍、人才培养、科学研究、学术交流、资源配置、制度建设等方面，真实、准确考察学位授权点的目标达成度。

### （二）组织方式

学位授予单位要建立自我评估组织协调机制，指定专门机构负责组织实施。根据本单位学位授权点数量、学科结构和院系设置等情况，统筹规划评估工作，研究制订工作方案。评估工作方案应包括自我评估的组织机构、组织形式、评估方式、评估内容、时间安排和工作流程等内容。

### （三）评估方式

评估方式由学位授予单位根据本单位实际情况自主确定，可以是国内同行专家评估、国际评估或质量认证等。

1. 专家聘请。学位授予单位根据自主确定的评估方式，聘请外单位同行专家，人数不少于 5 人。评估专家一般应是本学科领域学术水平较高的研究生导师。专业学位授权点评估专家应包括行业专家。开展国际评估，选聘专家应是本学科领域国际上具有较高学术水平和影响力的境外专家。

2. 专家沟通。学位授予单位应事先与评估专家进行充分沟通，向专家说明本单位的办学目标、人才培养质量标准、评估目的、评估方式、工作要求和工作流程等，听取专家对评估工作安排的意见。

3. 材料组织。学位授予单位根据最终确定的评估安排和要求，组织自我评估材料。评估材料应提前发送专家，根据专家意见，补充完善自评材料。

4. 专家评估。评估专家通过听取总体汇报、与师生和管理人员座谈、查阅有关资料等方式，了解学位授权点基本情况。专家组经过充分讨论，提出诊断式评议意见。专家评议意见应具有较强的针对性，从学位授权点建设的各个方面，指出其存在的问题与不足，并提出改进建议。

### （四）评估结果

学位授予单位根据专家评议意见确定学位授权点自我评估结果，并根据评估结果，结合本单位发展规划，提出学位授权点调整意见。

### （五）改进提升方案

学位授予单位根据评估过程中发现的问题和不足，结合评估专家意见，制定各学位授权点改进提升方案。改进提升方案应具有可操作性，包括未来一段时间的发展目标和保障措施。

### （六）总结报告

学位授予单位应在自我评估的基础上，按照国家规定的撰写提纲和抽评要素，编写各学位授权点的《自我评估总结报告》，并在“全国学位与研究生教育质量信息平台”上向社会公开，用于随机抽评。

### （七）其他

1. 合理安排评估进程。自我评估要根据本单位实际情况，根据学位授权点数量，统筹考虑评估工作安排。可采用先试点，再逐步开展的方式，不断总结经验，改进评估办法，确保评估工作有序进行。

2. 确保评估取得实效。学位授予单位应加强评估过程管理，明确评估是手段、诊断是目的，重在发现问题、解决问题，避免评估走过场、形式化，确保自我评估达到预期目标。

3. 严格遵守评估纪律。学位授予单位要严明评估纪律，坚决排除非学术因素的干扰，保证自我评估公平公正。对违反评估纪律和材料作假的单位和人员进行严肃处理。

## 六、《教育部等六部门关于医教协同深化临床医学人才培养改革的意见》

（教育部、国家卫生计生委、国家中医药管理局、国家发展改革委、财政部、人力资源社会保障部　2014 年 6 月 30 日）

各省、自治区、直辖市教育厅（教委）、卫生计生委（卫生厅局）、中医药管理局、发展改革委、财政厅（局）、人力资源社会保障厅（局），新疆生产建设兵团教育局、卫生局、发展改革委、财务局、人力资源社会保障局，教育部、国家卫生计生委直属有关高等学校：

为深入贯彻党的十八大和十八届三中全会精神，全面落实教育规划纲要，建立适应行业特点的人才培养制度，更好地服务医药卫生体制改革和卫生计生事业发展，现就深化临床医学（含口腔、中医等，以下同）人才培养改革提出如下意见。

## （一）指导思想

以邓小平理论、“三个代表”重要思想、科学发展观为指导，立足基本国情，借鉴国际经验，遵循医学教育规律，以“服务需求，提高质量”为主线，医教协同，深化改革，强化标准，加强建设，全面提高临床医学人才培养质量，为卫生计生事业发展和提高人民健康水平提供坚实的人才保障。

## （二）总体目标

到2020年，基本建成院校教育、毕业后教育、继续教育三阶段有机衔接的具有中国特色的标准化、规范化临床医学人才培养体系。院校教育质量显著提高，毕业后教育得到普及，继续教育实现全覆盖。

近期任务，加快构建以“5+3”（5年临床医学本科教育+3年住院医师规范化培训或3年临床医学硕士专业学位研究生教育）为主体、以“3+2”（3年临床医学专科教育+2年助理全科医生培训）为补充的临床医学人才培养体系。

## （三）主要举措

1. 深化院校教育改革，提高人才培养质量。

（1）建立临床医学人才培养与卫生计生行业人才需求的供需平衡机制。国家和各省级卫生计生行政部门（含中医药管理部门，下同）根据卫生计生事业发展需要，研究提出全国和本地区不同层次各专业人才需求规划、计划；国家和各省级教育行政部门及高等医学院校，根据人才需求及医学教育资源状况，合理确定临床医学专业招生规模及结构，对临床医学专业招生规模过大或教育资源不能满足现有培养规模的地区和高等医学院校，调减招生规模。加强对医学院校设置、区域布局、专业结构、招生规模、教学资源配置的宏观调控。提升人才培养质量，重点加大对中西部地区高等医学院校的支持，缩小区域、院校和学科专业之间培养水平的差距。大力支持中医（含中西医结合、民族医）人才培养。

（2）深化临床医学专业五年制本科生培养改革。加大教学改革力度，加强医学人文教育和职业素质培养，推进医学基础与临床课程整合，完善以能力为导向的评价体系，严格临床实习实训管理，强化临床实践教学环节，提升医学生临床思维和临床实践能力。过渡期内，在有条件的地区和高校，探索举办临床医学（儿科方向）、临床医学（精神医学方向）等专业，加强儿科、精神科等急需紧缺人才培养力度。鼓励各地和高等医学院校制定相关政策，采取有效措施，加大力度吸引优秀生源。

（3）推进临床医学硕士专业学位研究生培养改革。逐步扩大临床医学硕士专业学位研究生招生规模，加快临床医学硕士专业学位研究生考试招生制度改革。2015 年起，所有新招收的临床医学硕士专业学位研究生，同时也是参加住院医师规范化培训的住院医师，其临床培养按照国家统一制定的住院医师规范化培训要求进行。入学前未取得《执业医师资格证书》的临床医学硕士专业学位研究生，在学期间可按照国家有关规定以相关本科学历报名参加国家医师资格考试。按照住院医师规范化培训标准内容进行培训并考核合格的临床医学硕士专业学位研究生，可取得《住院医师规范化培训合格证书》。2015 年起，将七年制临床医学专业招生调整为“5+3”一体化临床医学人才培养模式；转入硕士生学习阶段时，纳入招生单位当年硕士生招生计划及管理；在招生计划管理上，对招生单位临床医学硕士专业学位研究生予以积极支持。

（4）探索临床医学博士专业学位人才培养模式改革。推进临床医学博士专业学位研究生教育与专科医师规范化培训有机衔接。在具备条件的地区或高等医学院校，组织开展“5+3+X”（X 为专科医师规范化培训或临床医学博士专业学位研究生教育所需年限）临床医学人才培养模式改革试点。

改革创新八年制临床医学人才培养模式，鼓励举办八年制医学教育的高等医学院校积极探索有效途径，培养多学科背景的高层次医学拔尖创新人才。

（5）推进临床医学高职（专科）人才培养改革。加强专业理论知识基础教育，强化临床实践教学。建立高职院校与基层医疗卫生机构的合作机制，合理安排学生到有条件的社区卫生服务中心和乡镇卫生院进行实习、实践，提升基本医疗卫生服务能力。推进临床医学高职（专科）教育教学标准与助理全科医生培训标准有机衔接。积极开展面向农村基层的订单定向免费医学教育。

2. 建立健全毕业后教育制度，培养合格临床医师。

（1）建立住院医师规范化培训制度。落实《关于建立住院医师规范化培训制度的指导意见》，全面实施住院医师规范化培训。加强培训体系建设及培训过程管理，严格培训考核，不断提高培训能力和培训质量，积极扩大全科及儿科、精神科等急需紧缺专业的培训规模。到 2015 年，各省（区、市）全面启动住院医师规范化培训，鼓励有条件的地区在确保培训质量的基础上加快推进；到 2020 年，在全国范围内基本建立住院医师规范化培训制度，所有未取得《住院医师规范化培训合格证书》的新进医疗岗位的本科及以上学历临床医师均须接受住院医师规范化培训。取得《住院医师规范化培训合格证书》并达到学位授予标准的临床医师，可以研究生毕业同等学力申请并授予临床医学硕士专业学位。

（2）建立专科医师规范化培训制度。积极研究建立专科医师规范化培训制度，在培训对象、专科设置、培训标准、培训基地、培训师资、考核监督、经费保障等方面作出统一制度安排，并做好与住院医师规范化培训制度的衔接，完善政策、稳步推进，不断提升培训质量。到 2020 年，基本建立专科医师规范化培训制度，所有符合条件应参加培训的临床医师均接受专科医师规范化培训。

（3）开展助理全科医生培训。贯彻落实《国务院关于建立全科医生制度的指导意见》《全国乡村医生教育规划（2011—2020 年）》，作为过渡期的补充措施，面向经济欠发达的农村地区乡镇卫生院和村卫生室，开展助理全科医生培训，培养高职（专科）起点的“3+2”执业助理医师，提高基层适用人才教育培训层次，努力提高基层医疗水平。

3. 完善继续教育体系，提升卫生计生人才队伍整体素质。

（1）开展面向全员的继续医学教育。以岗位职责为依据，以个人实际素质能力为基础，以岗位胜任能力为核心，通过适宜方式，有针对性地开展面向全体卫生计生人员的职业综合素质教育和业务技术培训，不断提升全体卫生计生人员的职业素质能力。

（2）优化继续教育实施方式。加强培训工作的统筹管理，充分利用高等医学院校、医疗卫生机构教学资源，发挥卫生计生专业学会、行业协会组织的优势和作用，创新教育模式及管理方法，将传统教育培训方式与网络、数字化学习相结合，加快课件、教材开发，提高继续教育的针对性、有效性和便捷性。

（3）强化继续教育基地和师资队伍建设。集成各类优势资源，探索完善多元筹资机制，构建专业覆盖广泛、区域布局合理、满足各级各类卫生计生人员培训需求的继续教育基地体系。鼓励优秀卫生计生人才承担继续教育教学工作，加强项目负责人和教学骨干培养，重点培养一批高素质的全科医学师资，提高继续教育质量。

### （四）保障措施

（1）加强组织领导。健全有关部门之间、中央和地方之间、教育和卫生计生系统内部的医学教育工作协调机制，加强对临床医学人才培养的宏观规划、政策保障、工作指导和检查评估。各级教育、卫生计生行政部门及高等医学院校、医疗卫生机构要高度重视临床医学人才培养工作，加强组织领导。教育、卫生计生行政部门要积极主动协调发展改革、财政、人力资源社会保障等相关部门，加大相关配套政策的支持力度，为各级各类卫生计生人才培养提供必要的政策支持和制度保障。积极推进教育部、国家卫生计生委、国家中医药管理局等与地方省级人民政府共建高等医学院校。

（2）完善教育培训体系建设。修订完善各阶段临床医学人才培养标准和临床实践教学、培训基地标准，逐步规范临床医学人才培养培训工作。加快认定一批住院医师规范化培训基地（含全科医生规范化培养基地）、专科医师规范化培训基地及继续医学教育基地；对达到基地标准的高等医学院校附属医院、教学医院及实习医院等医疗卫生机构，优先认定。加强临床医学专业学位授权点建设，优先支持高等医学院校增列临床医学硕士专业学位授权点；在具备条件的地区和高等医学院校，积极推进临床医学博士专业学位授权点建设。

（3）健全投入机制。统筹利用政府、学校、医院、社会等各方面资源，健全多渠道筹措经费的机制。各地要根据临床医学人才培养的特点，进一步加大对医学教育的投入力度。落实普通高校本专科生和研究生奖助政策，加大对临床医学专业学生奖助力度。政府对按规划建设设置的住院医师规范化培训基地基础设施建设、设备购置、教学实践活动以及面向社会招收和单位委派培训对象给予必要补助，中央财政通过专项转移支付予以适当支持。临床医学硕士专业学位研究生参加住院医师规范化培训，培训基地可根据培训考核情况向其发放适当生活补助。

（4）强化激励措施。积极推动完善医疗技术劳务价格、人事分配等相关政策，改善医生职业发展前景，多途径切实提高卫生计生岗位吸引力。完善基层和急需紧缺专业岗位卫生计生人才收入分配激励约束机制，向全科医生和到中西部农村地区就业的人员倾斜。通过学费补偿、助学贷款代偿等措施，吸引临床医学专业毕业生到中西部、基层医疗卫生机构就业。面向农村地区的订单定向免费医学教育毕业生，参加住院医师规范化培训、助理全科医生培训的时间可计入基层服务时间。

## 七、《教育部关于改进和加强研究生课程建设的意见》

（教育部　2014 年 12 月 5 日）

各省、自治区、直辖市教育厅（教委），新疆生产建设兵团教育局，中国人民解放军总参军训部，有关部门（单位）教育司（局），各研究生培养单位：

为贯彻《国家中长期教育改革和发展规划纲要（2010—2020 年）》，落实《教育部　国家发展改革委　财政部关于深化研究生教育改革的意见》要求，更好地发挥课程学习在研究生培养中的作用，提高研究生培养质量，现就加强研究生课程建设提出以下意见：

### （一）进一步明确加强研究生课程建设的重要意义和总体要求

1. 高度重视课程学习在研究生培养中的重要作用。课程学习是我国学位和研究生教育制度的重要特征，是保障研究生培养质量的必备环节，在研究生成长成才中具有全面、综合和基础性作用。重视课程学习，加强课程建设，提高课程质量，是当前深化研究生教育改革的重要和紧迫任务。

2. 立足研究生能力培养和长远发展加强课程建设。坚持服务需求、深化改革、立德树人，以研究生成长成才为中心，以打好知识基础、加强能力培养、有利长远发展为目标，尊重和激发研究生兴趣，注重培育独立思考能力和批判性思维，全面提升创新能力和发展能力。以强化单位责任、加强制度和机制建设为主线，充分发挥培养单位主体作用，调动单位、教师和研究生的积极性，加强规范管理，鼓励特色发展，为研究生培养质量提高提供稳固支撑。

### （二）强化研究生培养单位的课程建设责任

3. 发挥培养单位课程建设主体作用。培养单位应科学认识课程学习在研究生培养中的重要地位和功能，重视课程建设工作，全面承担课程建设责任，加强对课程建设的长远和系统规划。切实转变只重科研忽视课程的实际倾向，把课程建设作为学科建设工作的重要组成部分，将课程质量作为评价学科发展质量和衡量人才培养水平的重要指标。

4. 完善投入机制，健全奖励体系。培养单位应统筹使用各类经费，加大对研究生课程建设、教学改革的常态化投入。支持和奖励研究生教学，建立完善课程建设成果奖励政策，把课程建设、教学改革和教学管理工作纳入学校和院系工作考核、评价指标体系，加大考核评价指标权重，提升课程教学工作地位。

### （三）构建符合培养需要的课程体系

5. 把培养目标和学位要求作为课程体系设计的根本依据。完整贯彻本学科研究生培养目标和学位要求，重视课程体系的系统设计和整体优化。坚持以能力培养为核心、以创新能力培养为重点，拓宽知识基础，培育人文素养，加强不同培养阶段课程体系的整合、衔接，避免单纯因人设课。科学设计课程分类，根据需要按一级学科设置课程和设置跨学科课程，增加研究方法类、研讨类和实践类等课程。

6. 提供丰富、优质的课程资源。加大课程开发投入力度，跨院（系）统筹课程资源，建立开放性、竞争性课程设置申请机制。增加开设短而精的课程和模块化课程。探索将在线开放等形式的课程纳入课程体系的机制办法。鼓励培养单位与企事业单位合作开设实践性课程。

### （四）建立规范、严格的课程审查机制

7. 严格审查新开设课程。建立完善新开设课程申报、审批机制，明确课程设置标准，坚持按需、按标准审查课程。对于申请新开设课程，应从课程的目标定位、适用对象、课程内容、教学设计、考核方式、师资力量、预期教学效果等方面进行全面审查。对初步审查通过的新开设课程，应加强对课程开发的指导监督，通过试讲等确认达到预期标准的，方可批准正式开设。

8. 定期审查已开设课程。对已设置课程的开设情况和教学效果进行定期审查，保证课程符合培养需要、保持较高质量。除管理部门和内外部专家外，注意吸收毕业研究生和用人单位参与课程审查。对于不适应培养需要的课程应及时进行调整，对于质量未达到要求的课程提出改进要求。对于无改进可能或改进后仍不能达到要求的，应及时调整任课教师另行开设或停止开设。

### （五）加强研究生选课管理

9. 重视研究生课程学习计划的制定和审查。课程学习计划是研究生培养计划的重要组成部分，是实施培养和进行管理的重要依据。课程计划的制定，应以培养目标和学位基本要求为依据，综合考虑研究生已有基础和兴趣志向，重视全面能力培养和长远发展需要。要进一步完善制度机制，更好发挥导师组和培养指导委员会作用，加强对研究生课程学习计划制定的指导和审查，严格对计划执行的管理和监督。

10. 形成开放、灵活的选课机制。建立完善研究生跨学科、跨院（系）和跨校选课的制度机制，支持研究生按需、择优选课。扩大研究生的课程选择范围，增加课程选择和修习方式的灵活性。在相对集中安排课程学习的同时，支持研究生根据培养需要在论文工作阶段修习部分相关课程。

### （六）改进研究生课程教学

11. 促进学生、教师之间的良性互动。尊重研究生的主体地位，鼓励研究生参与教学设计、教学改革和教学评价。注意营造良好的学术民主氛围，促进课程学习中的教学互动。重视激发研究生的学习兴趣，发掘提升研究生的自主学习能力，要求和指导研究生积极开展自主学习。

12. 优化课程内容，注重前沿引领和方法传授。根据学科发展、人才需求变化和课程实际教学效果，及时调整和凝练课程内容，加大课程的教学训练强度。重视通过对经典理论构建、关键问题突破和前沿研究进展的案例式教学等方式，强化研究生对创新过程的理解。加强方法论学习和训练，着力培养研究生的知识获取能力、学术鉴别能力、独立研究能力和解决实际问题能力。结合课程教学加强学术规范和学术诚信教育。

13. 加强对研究生课程学习的支持服务。构建研究生课程学习支持体系，为研究生提供个别化的学习咨询和有针对性的课程学习指导，开展各类研究生课程学习交流活动。加强教学服务平台和数字化课程中心等信息系统建设，对研究生课程学习提供信息和技术支持。

**（七）完善课程考核制度**

14. 创新考核方式，严格课程考核。根据课程内容、教学要求、教学方式等的特点确定考核方式，注重考核形式的多样化、有效性和可操作性，加强对研究生基础知识、创新性思维和发现问题、解决问题能力的考查。重视教学过程考核，加强考核过程与教学过程的紧密结合，通过考核促进研究生积极学习和教师课程教学的改进提高。

15. 探索建立课程学习综合考核制度。根据学校、学科、博士和硕士层次的实际情况，结合研究生中期考核或设立单独考核环节，对研究生经过课程学习后知识结构、能力素质等是否达到规定要求进行综合考核。对于综合考核发现问题的，指导教师和培养指导委员会要对其进行专门指导和咨询，针对存在的问题进行课程补修或重修，确有必要的应对培养计划做出调整，不适宜继续攻读的应予分流或淘汰。

**（八）提高教师教学能力和水平**

16. 加大对教师参与课程建设和教学改革的激励与支持。深化教师薪酬制度改革，提高课程建设和教学工作在教师薪酬结构中，特别是绩效工资分配中的比重。将承担研究生课程建设和教学工作的成果、工作量以及质量评价结果列入相关系列教师考评和专业技术职务评聘要求。加大对教师承担研究生课程建设和教学改革项目的资助力度。对在课程建设和教学改革工作中做出突出成绩的教师予以表彰。

17. 加强师德与师能建设，提升课程教学能力。完善制度体系，强化政策措施，引导和要求教师潜心研究教学、认真教书育人。明确研究生课程任课教师资格要求，加强对教师的教学指导与服务。支持教师合作开发、开设课程，鼓励国际和跨学科合作。实施新、老教师结对制度，充分发挥教学经验丰富教师的传、帮、带作用。建设教学交流和教学技能培训平台，有计划地开展经验交流与培训活动。

## （九）加强课程教学管理与监督

18. 严格课程教学管理。培养单位要建立健全研究生课程教学管理制度，按照规定程序办法严格教学管理。已确定开设的研究生课程，必须按计划组织完成教学工作，不得随意替换任课教师、变更教学和考核安排、减少学时和教学内容。研究生课程开课前，教师应按照课程设置要求、针对选课学生特点认真进行教学准备，制定课程教学大纲。课程教学大纲应对课程各教学单元的教学目标、教学内容、教学方法及考核形式做详实安排，对学生课前准备提出要求和指导。课程教学大纲应在开课前向学生公布并提交管理部门备案，作为开展教学和教学评价的重要依据。

19. 完善课程教学评价监督体系。培养单位要加强研究生课程教学评价，制定科学的评价标准，定期实施课程评价。建立以教学督导为主、研究生评教为辅的研究生课程教学评价监督机制，对研究生教学活动全过程和教学效果进行监督。完善评价反馈机制，及时向教师和相关部门反馈评价结果，提出改进措施，并督促和追踪整改工作。注重通过评价监督发现优秀教学典型和进行经验推广。鼓励引入社会或行业的专业机构以及国际认证组织对研究生课程教学质量进行诊断式评估。

## （十）强化政策和条件保障

20. 有关教育主管部门要高度重视研究生课程建设工作，通过规划引导、资源配置和质量监管等手段，鼓励和支持研究生培养单位不断加强课程建设、教学改革和管理。鼓励省级教育行政主管部门组织实施课程建设试点和课程建设示范项目，组织开展课程建设经验交流，营造重视课程建设的良好氛围。进一步完善国家教学成果奖励政策，对研究生教学成果的评审奖励实行分类管理，加大对研究生教学成果的奖励力度。

# 主要参考文献


[1] 王战军. 学位与研究生教育评价理论与方法 [M]. 北京：高等教育出版社，2012.

[2] 研究生教育质量报告编研组. 中国研究生教育质量年度报告（2014）[M]. 北京：中国科学技术出版社. 2014.

[3] 中国学位与研究生教育发展年度报告课题组. 中国学位与研究生教育发展年度报告（2014）[M]. 北京：中国人民大学出版社，2015.

[4] 中华人民共和国教育部科学技术司. 高等学校科技统计资料汇编2014 [M]. 北京：高等教育出版社，2015.

[5] UNESCO Institute for Statistics. *Higher Education in Asia*：*Expanding Out*，*Expanding Up* [M]. Canada：UNESCO Institute for Statistics，2014.

[6] 王战军. 我国研究生教育的国际影响力 [J]. 国家教育行政学院学报，2013（2）：16—19.

[7] 庆年. 推免生的自主权利去哪儿了？[J] 复旦教育论坛，2014（6）：1.

[8] 翟亚军，王战军，李明磊. 基于省级的学位与研究生教育评估框架 [J]. 学位与研究生教育，2011（11）：9—13.

[9] 聚焦质量　谋划改革　推动内涵发展——全国研究生教育质量工作会议暨国务院学位委员会第三十一次会议综述 [J]. 学位与研究生教育，2015（1）：24—25.

[10] 曹卫星. 注重省级统筹　强化内涵建设　构建区域研究生教育质量保证监督体系 [J]. 学位与研究生教育，2015（1）：17—18.

[11] 薛进文. 加强人才队伍建设　推动高校科学发展 [J]. 中国高等教育，2007，22：11—12，25.

[12] 董筱婷. 欧盟发布《伊拉斯谟影响研究》调查报告 [J]. 比较教育研究，2014（11）110—112.

[13] 张婷婷. 经济合作与发展组织发布《2014教育概览》[J]. 比较教育研究，2014（11）：109—110.

[14] Nerad M. *Globalization and the internationalization of graduate education*：*A macro and*

*micro view*［J］．Canadian Journal of Higher Education，2010，40（1）：1—12.

［15］Grace Kena，Xiaolei Wang，Amy Barmer，et al. *The condition of education* 2015. *NCES* 2015-144［J］．National Center for Education Statistics，2015：204—205.

［16］教育部，国家统计局，财政部．关于2013年全国教育经费执行情况统计公告［EB/OL］．［2015-05-01］．http：//www.moe．edu.cn/publicfiles/business/htmlfiles/moe/s3040/201411/xxgk_178035.html.

［17］国家统计局，科学技术部，财政部．2013年全国科技经费投入统计公报［EB/OL］．［2015-05-01］．http：//www.stats.gov.cn/tjsj/tjgb/rdpcgb/qgkjjftrtjgb/201410/t20141023_628330.html.

［18］国家统计局，科学技术部，财政部．2012年全国科技经费投入统计公报［EB/OL］．［2015-05-01］．http：//www.sts.org.cn/tjbg/tjgb/document/2013/20130927.htm.

［19］刘延东在国务院学位委员会第二十九次会议上强调系统部署，重点推进，全面提升学位与研究生教育水平［EB/OL］．［2013-08-10］．http：//www.moe.edu.cn/publicfiles/business/htmlfiles/moe/moe_847/201202/131256.html.

［20］刘延东在全国研究生教育质量工作会议暨国务院学位委员会第三十一次会议上强调深化改革　优化结构　全面提高我国研究生教育质量．［EB/OL］．［2015-03-04］．http：//www.gov.cn/guowuyuan/2014-11/05/content_2775580.htm.

［21］李兴旺．多措并举　全面提高研究生培养质量．［EB/OL］．［2015-03-12］．http：//www. jyb.cn/high/sjts/201501/t20150117_610731_2.html.

［22］罗伟其．以协同创新为引领　深化研究生教育综合改革．［EB/OL］．［2015-03-12］．http：//www.jyb.cn/high/sjts/201501/t20150117_610731_1.html.

［23］徐梅．推进综合改革　实施四项工程．［EB/OL］．［2015-03-12］．http：//www.jyb.cn/high/sjts/201501/t20150117_610731.html.

［24］牟延林．提高质量　推动研究生教育内涵发展［EB/OL］．［2015-03-12］．http：//www.jyb.cn/high/sjts/201501/t20150117_610731_3.html.

［25］陈洪捷．发挥导师核心作用　落实育人为本理念［EB/OL］．［2015-03-12］．http：//www.jyb.cn/high/sjts/201501/t20150117_610731_4.html.

［26］袁本涛．质量是深化研究生教育改革的根本［EB/OL］．［2015-03-12］．http：//www.jyb.cn/high/sjts/201501/t20150117_610731_5.html.

［27］阎光才．学位授权点合格评估改了什么？［EB/OL］．［2015-03-18］．http：//news.

gmw.cn/2014-03/25/content_10789357.htm.

[28] 杨波. 中国86所大学跻身前400名入选数量仅次美国位列第二 [EB/OL]. [2015-07-25]. http://world.people.com.cn/n/2015/0429/c1002-26921136.html

[29] Iannelli C, Huang J. *Trends in participation and attainment of Chinese students in UK higher education* [J]. Studies in Higher Education, 2014, 39 (5): 805—822.

[30] British Council (2004) Vision 2020: Forecasting international student mobility; a UK perspective. London: British Council.

[31] Iannelli C. and Huang J. (2013) '*Trends in participation and attainment of Chinese students in UK higher education*', Studies in Higher Education, DOI: 10. 1080/03075079.2012. 754863.

[32] Hepeng Jia. *China's science academy launches new reform drive* [EB/OL]. Chemistry World (2014-10-28) [2015-07-24]. http://www.rsc. org/chemistryworld/2014/10/chinese-academy-cas-launches-new-reform-drive.

[33] Clarke, Gillian, and Ingrid Lunt. *International comparisons in postgraduate education: quality, access and employment outcomes*. [R]. 2014.

[34] Peta Lee. *Employment prospects rosier for Erasmus graduates* [EB/OL]. University World News (2014-09-24): 336 [2015-07-25]. http://www.universityworldnews.com/article.php? story=20140924163632358.

[35] Geoff Maslen. *The value of a degree in the marketplace* [EB/OL]. University World News (2015-01-16): 350 [2015-07-24]. http://www.Universityworldnews.com/article.php? story=20150114150046889.

[36] M Saraswathy. *Employability of graduates big concern, says FICCI-EY report* [EB/OL]. Indian Business Standard (2014-11-13) [2015-07-24]. http://www.business-standard.com/article/management/employability-of-graduates-big-concern-says-ficci-ey-report-114111301099_1.html.

[37] Jack Grove. *Hundreds of PhD students chasing every early career post* [EB/OL]. Times Higher Education (2014-11-06) [2015-07-24]. http://www.timeshighereducation.co.uk/news/hundreds-of-phd-students-chasing-every-early-career-post/2016799.article.

[38] Chris Parr. *Overseas students help keep postgraduate numbers stable in US* [EB/OL]. Times Higher Education (2014-09-22) [2015-07-24 ]. http://www.timeshighereducation.

co.uk/news/overseas-students-help-keep-postgraduate-numbers-stable-in-us/2015880.article.

［39］Pubs E D. *National center for education statistics*［R］. 2015.

［40］爱尔兰采取新举措增加博士生数量［EB/OL］. 爱尔兰吧，（2015-06-24）［2015-07-24］. http：//www.ireland8.com/.

［41］Yojana Sharma. *Rise of postgraduate education fuels Asia' s economies–UNESCO*［EB/OL］. University World News（2014-05-09）［2015-07-24］. http：//www.universityworldnews.com/article.php? story=20140509113133401.

［42］Chiao-Ling Chien and David W Chapman. *Expanding graduate education in Malaysia and Thailand*［EB/OL］. University World News（2014-06-13）：324.［2015-07-24］. http：//www.universityworldnews.com/article.php? story=20140610125523334.

［43］*Postgraduate Scholarships/Awards For Studiesin Year* 2016［EB/OL］.［EDUN S31-01-059 V40］.（2014-12-02）［2015-07-24］. http：//www.moe. gov. sg/education/scholarships/files/ga-3414-2015-moe-pgs-pga-exercise-circular.pdf.

［44］*World Bank Approves Financing for Nepal Higher Education Reforms Project*［EB/OL］. Financial（2015-02-20）［2015-07-24］. http：//www.finchannel.com/index.php/world/item/40347-world-bank-approves-financing-for-nepal-higher-education-reforms-project.

［45］ANDISWA MAQUTU. *New University To be Africas Rival to Har*［EB/OL］. Business Day（2014-08-18）［2015-07-24］. http：//www.bdlive.co.za/africa/africannews/2014/08/18/new-university-to-be-africas-rival-to-harvard.

# 后 记

随着《国家中长期教育改革和发展规划纲要（2010—2020年）》深入实施，研究生教育综合改革全面深化，中国研究生教育质量问题日益受到社会各界的广泛关注。2014年，国家出台多个研究生教育质量相关文件，构建了中国特色的研究生教育质量保障体系，引领我国研究生教育改革发展进入“质量时代”。

2012年至今，《中国研究生教育质量年度报告》已相继出版发行了3个年度的质量报告，系列报告的出版受到了社会各界的广泛关注与高度评价。2014年，本报告荣膺首届中国学位与研究生教育学会研究生教育成果奖一等奖。

社会各界对编研组工作的认可与赞誉，是我们不断总结报告研究经验、提高报告写作水平、完善报告研究内容的巨大动力。为此，编研组成员于2015年4月再次启动了2015年的研究生教育质量年度报告编写工作，在汲取2012年、2013年、2014年质量年度报告优点的基础之上，针对2014年国家颁布的有关研究生教育质量的新政策、新规定以及各省、各高校实行的新方法、新举措，对各章结构进行了及时调整，对内容进行了创新与完善。其间，编研组多次组织召开编写研讨会，并邀请有关专家学者对2014年度报告的结构框架、章节内容、创新点及写作方法进行指导。经过反复研讨、修改，根据编写专家委员会的意见与建议，聚焦研究生教育质量评析、学位与研究生教育质量年度事件、省域研究生教育质量评价、研究生满意度调查、研究生教育质量的国际述评，最终于2015年7月完成了《中国研究生教育质量年度报告（2015）》的编写工作。

研究生教育质量编研组成员主要来自清华大学、北京理工大学、华北电力大学、湘潭大学、首都师范大学、北京石油化工学院等高校。报告分工如下：第一章，王战军、唐广军、赵清华；第二章，廖湘阳、李明磊；第三章，翟亚军、乔刚；第四章，周文辉、刘俊起、付鸿飞；第五章，荣利颖、李芬；附录，周玉清。整体报告由王战军统稿，乔刚、蓝文婷为项目秘书。

同时，本年度报告中的全国研究生满意度调查继续由学位与研究生教育杂志社承担问卷的发放、回收、数据的录入与分析等工作。今年，问卷发放范围进一步扩大，全国共有清华大学、中国科技大学、中国科学院大学等50所研究生培养单位参与了问卷调查，还在河南大学试行了在线调查。在此，谨对这50所研究生培养单位的有关负责人及工作人员付出的辛勤劳动表示感谢！对所有参与满意度调查的同学表示感谢！也欢迎更多的研究生培养单位参与到未来的调查活动中来。

最后，感谢专家委员会的所有成员给予本报告的宝贵意见和建议！感谢编研组成员及工作人员长期为此付出的智慧和汗水！感谢所有参考文献的作者！

本报告是2012年、2013年、2014年出版的3部年度报告的进一步延续。虽然我们在组织、设计、撰写年度报告方面积累了一定的经验，但是受到人力、时间和数据的限制，本报告仍有不少不足之处，请各位专家、读者批评指正。

此外，本报告明年将会有大的改版，期待各界专家、学者积极参与指导，提供写作建议，共同打造一部全新的中国研究生教育质量年度报告。

王战军

于2015年7月